KB111652

불굴의 의병장

해운당 김하락

권 대 웅

영남대학교 국사학과를 졸업하고 같은 대학원에서 한국근현대사(독립운동사) 전공으로 문학박사학위를 받았다. 대경대학교 교수(1994~2016)를 역임했다. 독립기념관 한국독립운동사연구소 연구위원, 경상북도 문화재전문위원, 대구광역시 문화재전문위원으로 활동하고 있다. 2014년 제15회 의암대상(학술 부분)을 수상했다.

주요 저서로는 《왕산 허위: 목숨을 바쳐 나라를 사랑한 선비》, 《한말의 의병일기》, 《1910년대 국내독립운동》, 《청도의 독립운동사》, 《경북독립운동사》 I (의병편), 《김도현: 희고 흰 저 천길 물속에》, 《달성의 독립운동가 열전》, 《한계 이승희의 생애와 독립운동》 등이 있다.

불굴의 의병장 해운당 김하락

초판 1쇄 인쇄   2020. 12. 17.
초판 1쇄 발행   2020. 12. 23.

지은이   권 대 웅
펴낸이   김 경 희
펴낸곳   ㈜지식산업사
         본사 10881, 경기도 파주시 광인사길 53(문발동)
              전화 (031)955-4226~7   팩스 (031)955-4228
         서울사무소 03044, 서울시 종로구 자하문로6길 18-7(통의동)
              전화 (02)734-1978,1958   팩스 (02)720-7900
누리집   www.jisik.co.kr
전자우편 jsp@jisik.co.kr
등록번호 1-363
등록날짜 1969. 5. 8.

책값은 뒤표지에 있습니다.

ⓒ경상북도독립운동기념관, 2020
ISBN 978-89-423-9086-1 04990
ISBN 978-89-423-0056-3 04990(세트)

이 책에 대한 문의는 지식산업사로 해 주시길 바랍니다.

경상북도독립운동기념관 인물총서 19

불굴의 의병장
해운당 김하락

권대웅 지음

지식산업사

해운당 김하락의 행적을 찾아

1994년 〈1910년대 경상도지방의 독립운동단체 연구〉로 박사학위를 받은 뒤, 필자는 개항기 의병전쟁을 중심으로 조사했다. 한국독립운동의 원류가 여기에 있다고 생각했기 때문이다. 그래서 자료의 발굴과 현지조사를 통해 그 실체를 밝히고자 했다.

필자의 현지조사는 1980년대 중반부터 시작되어 지금까지 이르렀다. 이 과정에서 다수의 새로운 자료를 발굴하였고, 그 자료를 가지고 현지조사를 다시 실시하였다. 특히 현지조사는 경상북도 모든 지역에 걸쳐 실시하였다. 그 결과는 연구논문과 저술로 발표하였다. 이 책《불굴의 의병장 해운당 김하락》도 그 가운데 하나이다.

해운당 김하락은 1982년 건국훈장 대통령장에 추서받았다. 1896년 김하락의 지휘 아래 전개된 이천의진의 의병투쟁은 을미의병을 대표할 수 있는 우뚝한 성과를 거두었다. 이것은 의병전쟁을 수행하는 과정에서 김하락이 보여 주었던 불굴의 저항정신에서 비롯된 것이었고, 외세 침략의 국가적 위기에 직면하여 국권회복에 대한 강한 의지의 표현이었다. 그럼에도 불구하고 그의 공적이나 행적을 밝혀주는 연구논문이나 저술은 한두 편에 지나지 않아 매우 아쉽게 생각하고 있었다.

해운당海雲堂은 창의 이후 순국할 때까지 진중에서 손수 기록한《정토일록》을 남겼다. 1968년 국사편찬위원회 김규성 씨가 일록과 서찰을 편역하여《의병대장 해운당 김하락정토일록》이라는 소책자로 간행하였다. 곧이어 1970년 독립운동사편찬위원회가《독립운동사자료집》제1집에 〈진중일기〉라는 이름으로 실었다. 지금까지 김규성이 편역한《의병대장 해운당 김하락정토일록》은 연구자들에게 알려지지 않았고, 〈진중일기〉만이 연구자들에게 알려져 있었을 뿐이다.

지난해 2019년 필자는 김하락과 같은 집안 출신 김상락 교장선생님으로부터 김규성이 편역한《의병대장 해운당 김하락 정토일록》과 의병투쟁에 함께 참여했던 이종사촌 아우 조성학

《의병대장 해운당 김하락정토일록》의 표지(오른쪽)와 원문(왼쪽)
김규성, 《의병대장 해운당 김하락정토일록》, 계몽사, 1968.

의병장의 《정토일록》 사본을 입수하였다. 이에 필자는 조성학의 《정토일록》을 번역하였다. 그 결과 김하락의 《정토일록》과 조성학의 《정토일록》을 비교해 볼 수 있었다. 안타깝게도 조성학의 《정토일록》은 의성 비봉산전투 이후의 기록이 분실되어 완전치 못한 상태였다. 그런데 조성학의 외손 박창락 씨가 그 원본을 소지하고 있다는 소문을 듣고, 힘들게 연락을 하여 그 복사본을 얻어 볼 수 있었다. 그렇지만 이것도 김상락 씨가 제공한 것과 같은 것이었다.

필자는 조성학의 《정토일록》을 해서楷書로 정리하여 번역하

조성학의 《정토일록》 원문(비봉산전투 이후 분실)

였다. 그리고 김규성의 편역본과 독립운동사편찬위원회의 〈진
중일기〉를 비교하여 정리하였다. 이 책에서는 부록으로 모든
자료를 싣는다.

　필자는 대구지역에서 코로나19 확진자가 폭증하기 시작한
2020년 2월 18일부터 이 책을 집필하기 시작하여 4월 중순 무
렵 마쳤다. 그리고 7월 2일부터 3일까지 경기도 광주·이천·충
북 제천지역, 7월 8일 경북 예천·영주·안동지역, 7월 16일 경북
의성지역, 8월 3일 의성지역, 8월 5일 청송지역 등을 찾아 현지

조사를 하였고, 경주와 영덕지역은 과거 필자가 실시했던 현지
조사를 활용하였다.

　필자는 현지조사를 바탕으로 김하락과 조성학의 《정토일록》
을 다시 검토하고 난 뒤 두 의병장의 《정토일록》을 더욱 신뢰
할 수 있었다. 이 책에 실은 사진들은 《정토일록》을 통해 현지
조사를 실시하고 의병활동 관련 장소를 비정한 것이다. 대부분
필자가 추측하여 비정하였지만, 《정토일록》을 바탕으로 한 현지
조사를 통해 실체에 접근하고자 했다.

　필자는 현지조사 과정에서 그동안 밝히지 못했던 몇 가지
사실들을 확인하였다. 이천수창의소利川首倡義所의 결성지와
이현전투지가 경기도 이천시 마장면 이치 2리라는 사실과 이천
의진이 경북 풍기로 이동하여 처음 찾아간 영주시 풍기면 산법
동 차계남의 집이 이현전투 패전 뒤 풍기로 내려간 조성학이 의
탁하고 있었던 곳이라는 것. 그리고 김하락이 영덕 오십천에서
투신 순국한 뒤. 이천의진의 남은 군사들이 영양을 거쳐 청송
으로 들어가다가. 청송군 부남면 화장리에서 일본군에게 전멸
하다시피 했다는 "도깨비다리"를 확인할 수 있었던 것이 그것이
다. 뿐만 아니라 김하락이 의병투쟁 과정에서 전전했던 모든 지
역이 당시 각 지역 의병진과 관련이 있었고, 김하락이 성장 과
정에서 인연을 가진 곳이었다는 사실이다.

　이 책을 끝마치며 김하락의 아들 김병우의 만주지역 행적과

김병우의 손자 3명이 2005년쯤 국내로 들어와 수원지역의 공장
에서 노동자로 일하고 있다는 사실을 끝까지 추적하지 못한 것
을 안타깝게 생각한다.

끝으로 이 책을 집필하는 과정에서 자료를 제공한 김상락,
조성학 의병장의 외손 박창락, 그리고 현지조사 과정에서 도움
을 주신 이천문화원 이선민, 의성문화원 김홍배 선생 등 여러
분들에게 감사드린다.

2020년 8월
범물동에서 용지봉을 바라보며

권 대 웅

차 례

불굴의 의병장

해운당 김하락

1. 출생과 성장

1. 큰 꿈을 키우다.

김하락金河洛, 1846.12.14.~1896.6.4.은 1846년 경북 의성군義
城郡 의성읍義城邑 원당元堂 3리에서 태어났다. 자는 계삼季三,
호는 해운당海雲堂, 본관은 의성義城이다. 아버지 김운휘金運輝
와 어머니 덕수이씨德水李氏 사이에서 태어난 김덕주金德周·김
길주金吉周·김성주金性周·김성주金誠周 4형제 가운데 둘째 아
들로 태어났다. 김하락이라는 이름은 훗날 개명한 것으로, 본

해운당 김하락 초상

명은 김길주金吉周이고, 다른 이름으로 김
일길金日吉이라고도 하였다.

의성김씨는 신라 경순왕의 넷째 아들
석錫이 고려 태조의 외손으로 의성군義城
君에 봉해진 다음부터, 9세 용비龍庇에 이
르러 다시 의성군에 봉해져 그 후손들이
의성에 세거하였다. 가문의 관력을 보면
13세 김거두金居斗가 공조전서(고려), 16세

김하락 출생지
경상북도 의성군 의성읍 원당3리 소재.

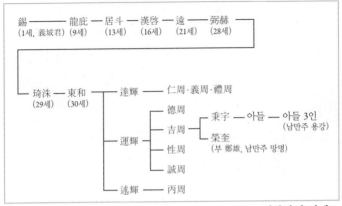

```
錫 ──────── 龍庇 ── 居斗 ── 漢啓 ── 遠 ── 弼赫
(1세, 義城君) (9세)   (13세)   (16세)   (21세)   (28세)


  琦洙 ── 東和 ┬─ 達輝 ── 仁周·義周·禮周
  (29세)   (30세) │
               │      ┌─ 德周
               │      ├─ 吉周 ── 秉宇 ── 아들 ── 아들 3인
               ├─ 運輝 ┤                        (남만주 용강)
               │      ├─ 性周 ── 榮奎
               │      │          (부 鄭雄, 남만주 망명)
               │      └─ 誠周
               │
               └─ 述輝 ── 丙周
```

김하락의 가계도
《의성김씨세보》, 1981, 332쪽.

김한계金漢啓가 승무원사(조선, 단종)를 지냈다. 조선 후기에 이르러 21세 김원金遠은 문장이 뛰어났고, 22세 김이후金爾後는 여헌旅軒 장현광張顯光의 문인이었으나 벼슬을 지낸 관인은 배출하지 못했다. 증조부 김기수金琦洙·조부 김동화金東和·아버지 김운휘金運輝를 비롯하여 김하락 자신도 관직에 나아가지 못했다.

유천柳川의 《의성지義城誌》에 따르면, 김하락은 "거의 40세 가까이 되어 처음 경서와 병서를 옥산玉山 성동城洞의 암혈에서 읽었는데, 지금은 길굴吉窟이라고 한다."고 하여 그가 공부한 곳을 황학산이라고 했다. 또 이천수창의소 창의倡義 뒤에 영

성골마을과 황학산 전경
동쪽 골짜기 안에 석굴이 있다. 경상북도 의성군 옥산면 금학리 소재.

덕 남천에서 투신 순국할 때까지 쓴《정토일록征討日錄》에서 황
학산黃鶴山을 "이 산은 내가 초년初年에 공부工夫하던 곳이라
감회感懷가 더욱 깊다. 산중 허리에 석굴(石室)이 하나 있으니
수십 인이 들어앉을 만큼 넓다."고 하였다. 그러나 구체적으로
누구에게 수학했는지 알 수 없다.

　그의 사위 정웅鄭雄이 남긴 〈해운당김공행략海雲堂金公行略〉
에서는 유년시절 김하락의 행적을 다음과 같이 기록하고 있다.

유년부터 자질이 명민하여 효친경장孝親敬長의 도道를 성
인처럼 실행하였고, 여러 아이들과 놀 때에도 군진을 만들고
전투하는 형상을 많이 하였는데, 그 지휘하는 방법이 훌륭하
여 어른들이 장래에 큰 인물이 되리라고 기대하였다.

〈海雲堂金公行略〉

김하락은 19세기 후반 사회변동 과정에서 몰락양반 출신의
우국적憂國的인 유생이었다는 것을 짐작할 수 있다.

《의성김씨세보義城金氏世譜》에 따르면, 김하락의 선대는 대
대로 원당元堂에 거주하였지만, 김하락 형제 대에는 가세가 몰
락하였기에 인척을 따라 각처에 흩어져 살았던 것으로 보인다.
그의 아우 김응락金應洛은 봉양면 화전리花田里에 살았고, 김
하락 자신도 한때 금성면 청로리靑路里에 살았다. 금성면 청로
리는 함안조씨咸安趙氏 가문이 세거하고 있었는데, 이종사촌인
조성학趙性學, ?~1914.2.23.이 살던 곳이다. 김하락과 같은 의성
김씨들도 다수 살고 있었다. 그는 이 마을에서 서당을 열었다
는 이야기가 전해지고 있다.

2. 서울에서 뜻을 펼치고자 하다.

김하락은 성년이 되어 서울로 옮겨 와 충무공 이순신의 후

손 이정배李庭培의 사위가 되었다. 그가 서울에 온 때는 정확히 알 수 없다. 그러나 1896년 딸 김영규金榮奎가 10살이었고, 아들 김병우金秉宇가 4살이었던 것을 감안하면, 1885년 이전 서울에 올라간 셈이니 그의 나이가 40세에 가까운 30대 후반일 것으로 짐작된다. 이렇듯 결혼이 늦은 이유에 대해서는 잘 알 수 없으나, 그는 젊지 않은 나이에 딸을 낳고 이어 아들을 얻었던 것이다.

김하락이 서울에 올라가 덕수이씨德水李氏 이정배의 따님과 결혼할 수 있었던 것은, 종형 김인주金仁周를 비롯한 큰집 일가들이 서울에 살고 있었고, 덕수이씨 어머니 친정과의 인연 때문인 것으로 짐작된다.

김하락은 결혼하고 서울에서 살았다. 그의 이종사촌 동생 조성학이 김하락과 함께 이천의진에 참여하여 활동할 때 쓴 《정토일록征討日錄》에서는 "이천利川의 이현梨峴에 살고 있는 김하락金河洛은 영남 의성義城 사람으로 이현에 이거한 지 여러 해가 되었다."고 하였으나 이천에 옮겨 살았다는 다른 기록은 없다. 조성학의 《정토일록》에서는 당시 김하락의 행적을 다음과 같이 기록하고 있다.

이때 이천의 이현에 살고 있는 김하락은 영남 의성 사람으로 이현에 이거한지 여러 해가 되었다. 원래 김하락은 평소 재예才藝가 있다고 이름이 조야에 많이 알려져 있었다. 개화당 사람들이 3~4차례 모시길 청하였으나 끝내 나아가기를 허락하지 않았다.   《征討日錄》

또 김하락의 사위 정웅이 쓴 〈해운당김공행략〉에서는 당시 그의 행적을 다음과 같이 기록하고 있다.

성년이 되고서 성명이 점차로 드러났고, 서울에 이거하여 충무공 후손인 이정배의 딸과 결혼하였다. 당시 정부를 비롯하여 일반사회의 부패상을 보고 항상 개탄하였으며, 생업에 힘쓰지 아니하고 학업에 전념하는 한편, 뜻있는 명사들과 교제하여 의리義理를 강구하며 천문天文·지리地理·병서兵書·의학醫學·복서卜筮의 서적까지 섭렵하여 앞으로 크게 시용施用할 것을 대기待機하였다. 생계가 곤란하여 끼니를 못 이을 때가 있어도 염연恬然히 관심하지 아니하고, 현재의 곤궁은 장래의 옥성玉成할 준비라고 하면서 동지 가운데 궁한 자를 보면 자기 가진 것 대로 털어서 주급週給하는 것이 예사였다.
〈해운당김공행략〉

〈해운당김공행략〉은 김하락이 순국한 뒤 정웅이 그의 장녀 김영규와 결혼하고 나서 장모 이씨로부터 듣게 된 사실을 기록한 것으로 보인다.

김하락은 영남지방에서 상경했던 재야유생의 신분이었다. 그는 결혼한 뒤 유교 경전을 비롯하여 천문·지리·병서·의학·복서의 서적까지 두루 읽고 넓게 교유함으로써 사회적 연망을 넓혔다. 뿐만 아니라 당시 부패한 사회상과 외세의 침략을 개탄하며, 앞으로 닥쳐올 위기에 대응하고자 했던 우국적인 지사의 면모를 갖추어 갔다. 그의 명성이 알려지면서 개화당 인사들의 관심을 끌기도 했던 것으로 보인다.

김하락의 인상에 대해서 영양 출신의 김도현은 《벽산선생창의전말碧山先生倡義顚末》에서 "키가 크고 시원스러우며, 그의 말은 쾌활하고 씩씩하다."고 적고 있는데, 유생의 신분이었지만 무인적 기질도 겸비한 인물임을 알 수 있다.

3. 시국을 걱정하며 창의를 결심하다.

김하락은 시국을 걱정하던 우국 유생이었다. 그는 1876년 개항부터 조선 사회가 안팎으로 직면하고 있던 정치적 문제점과 일본을 비롯한 서구 열강의 침략을 개탄하였다. 특히 동학농민군의 봉기 이후 조선에 파견된 일본군은 병참선로와 군용전신선 보호라는 명분 아래 1894년 6월부터 전국 각처에 주둔한 일과, 일본군이 경복궁을 침범한 갑오변란과 내정개혁, 그에 따른

변복령. 그리고 청일전쟁 발발 등에 대하여 분개하였다. 나아가 1895년 8월 20일 일본의 낭인과 군인들이 궁궐을 침범하여 명성황후를 시해한 사건과 11월 15일 단발령의 공포에 따른 국왕 고종의 단발에 대해서도 통분하였다.

김하락은 창의를 결심하였다. 이미 1894년 6월 갑오변란 뒤 8월 안동에서 창의한 공주유생 서상철徐相轍이 함창 태봉에 주둔하고 있던 일본군과 전투를 벌였고, 을미사변 뒤 경북 현풍 출신 문석봉文錫鳳이 국수보복國讐報復의 기치를 들고 충청도 회덕에서 창의하였다. 그리고 단발령 뒤에는 경남 안의에서 노응규盧應奎, 강원도 원주에서 이춘영李春永, 홍주에서 김복한金福漢, 안동에서 권세연權世淵, 제천에서 유인석柳麟錫 등의 유생들이 창의의 기치를 들고 일어나고 있었다.

김하락은 을미사변과 단발령 발표 다음 1895년 11월 17일(양 1896년 1월 1일) 창의하였다. 정응의 〈해운당김공행략〉에 따르면. 그는 창의를 며칠 앞두고 어린 딸 김영규(10세)와 아들 김병우(4세)를 불러 앉히고 다음과 같이 당부하였다.

"내가 오랫동안 글을 읽어 의리義理의 대절大節을 대강 알고 있으니 일러 주는 것이다. 지금 국가가 곧 패망할 위기에 있음을 보고 신민으로서 좌시할 수는 없다. 내가 지금 복의통적伏義討賊의 대의大義에 몸을 바쳐 군국君國의 원수를 설치

雪恥하려 하니 만일 이 일이 성공하지 못하여도 맹세코 이 역적들과 일천一天을 공대共戴하지는 않을 것이다. 너희 비록 나이 어리나 제법 총혜聰慧하니 내 말을 명심하여 이 아비를 생각 말고 나중에 너의 자모와 치제穉弟를 잘 돌봐 주기 바란다.”고 하였다. 영규는 엎드려서 울먹이면서 그 마지막 교훈을 받았다. 그리고 며칠 뒤에 선생은 분연히 공권空拳을 쥐고서 거의擧義하여 당시 각지에서 봉기蜂起하는 의병義兵과 제휴提携하여 일시 의진義陣의 성세聲勢를 크게 진작하였다.

〈해운당김공행략〉

김하락은 을미사변의 소식을 듣고 복수토적復讎討賊을 결심하였다. 곧이어 단발령이 발표되자 위기의식이 발동하여 서울을 떠나 경기도 이천으로 갔다. 이미 전국 각처에서 의병이 일어나고, 경기도에서도 이천을 중심으로 의병봉기의 분위기가 조성되고 있었다. 즉 《동경조일신문東京朝日新聞》은 “강화도 및 경기도 광주廣州에 적賊의 봉기蜂起가 횡행橫行한다.”“충주부 내 충주忠州·이천利川·음죽陰竹·제천堤川·괴산槐山·진천鎭川 등 각 군에서 적도賊徒가 횡행한다.”고 보도하고 있을 정도였다. 이러한 분위기 속에서 김하락은 뜻을 같이하는 동지들과 함께 창의를 실행에 옮겼다.

Ⅱ. 이천수창의소의 조직과 의병투쟁

1. 이천에서 창의를 모색하다.

김하락은 단발령이 발표된 다음 날인 1895년 11월 16일(양 12월 31일) 이른 아침에 한강漢江을 건너서 11월 17일(양 1896년 1월 1일) 이천군으로 들어갔다. 김하락과 함께 들어간 사람은 이종동생 조성학을 비롯하여 구연영具然英·김태원金泰元·신용희申龍熙 등이었다. 이들은 대부분 서울에 살면서 김하락과 함께 창의에 뜻을 두고 있던 유생들이었다.

그가 뜻을 같이 하고 있던 유생들과 함께 이천으로 이동한 이유는 무엇일까. 조성학의 〈정토일록〉에서 김하락은 "이현에 이거한 지 여러 해가 되었다." 하였다. 이것은 그가 자신의 〈정토일록〉에서 "을미년 11월 16일 이른 아침에 한강을 건너서 17일 이천군에 들어갔다."는 기록과 차이가 있지만, 그에 앞서 여러 해 이천군 이현에 거주했거나 내왕한 인연이 있었을 것으로 짐작된다.

김하락은 우선 이천군 화포군火砲軍 도령장都領長 방춘식方春植과 상의하여 협조를 받았는데, 두 사람은 이미 서로 알고 있었던 것으로 보인다. 구연영도 서울에서 태어났지만, 20여 세 때부터 선대의 고향인 광주군 도척면都尺面 궁평리宮坪里에 거주하고 있었으므로 방춘식과 안면이 있었을 것으로 보인다.

방춘식은 《포진도안砲陣都案》을 제공하는 등 적극적으로 협조했다. 이리하여 김하락은 포군 1백여 명을 징발할 수 있었다. 김하락을 비롯한 조성학·구연영·김태원·신용희 등 다섯 사람은 이천의 포군을 수대로 나누어 소모召募 활동에 들어갔다. 김하락의 《정토일록》을 보면, 조성학을 비롯한 유생들이 다음과 같이 각지로 파견되었다.

구연영은 2개 대의 포군을 거느리고 양근陽根·지평砥平 두 고을로 보내고, 조성학은 2개 대의 포군을 거느리고 광주廣州

로 보냈다. 김태원은 안성安城으로 보내고, 신용희는 음죽陰竹
으로 보냈다. 이같이 나누어 떠나보내고 나는 이현梨峴에 있
었다.　　　　　　　　　　　　　　　　《정토일록》, 1895년 11월)

김하락은 이천군 이현에 남아 이들을 총괄하였다. 그 결과 모
두 9백여 명의 의병을 모집할 수 있었던 것으로 기록하고 있다.

　　조성학은 광주산성에 들어가 별패진別牌陣 군관軍官 김순
삼金順三으로 하여금 별패진 포군 3백여 명을 일으키게 하여
김순삼·이준성李俊性 두 사람으로 통솔하게 하였다. 구연영
은 양근·지평으로 가서 군사 3백여 명을 일으켰으며, 신용희
는 음죽·죽산竹山으로 가서 화포군 3백여 명을 일으켰다. 자
원한 의포義砲 또한 1백여 명이었는데, 본군 사람 심종만沈鍾
萬으로 하여금 통솔케 하였다. 김태원은 안성으로 들어갔는
데, 본군은 이미 창의를 하여 대장은 민승천閔承天이었으므로
서로 합세하기로 하였다.　　　　　　《정토일록》, 1895년 11월)

이밖에도 용인·안성·포천·시흥·수원·안산 등지에서 의병이
일어나 일제히 이현으로 모여들었다. 특히 주목되는 것은 이미
안성에서 창의하여 활동하고 있던 민승천의 합세였다. 안성에
서 소모활동을 하던 김태원이 민승천을 설득하였다. 이로부터

이현(현지梨峙 1리)의 이천수창의소는 기세를 크게 떨치면서 대오를 편성하게 되었다.

2. 창의 기치를 걸다.

1895년 12월 3일(양 1896년 1월 17일) 이천수창의소는 창의대장으로 민승천을 추대하고 부서를 정하여 의병들을 편제하였다. 의병부대의 부서를 구성하고 있는 장령들은 당시 경기도 일원에서 활동하고 있던 유생과 군인들이었다. 그 편제는 각 군의 포군을 규합하여 3기 9대三騎九隊로 편성하였고, 고기준高箕俊을 기총旗摠으로 삼았으며, 그 아래는 초관哨官으로 편성하였다. 김하락의 《정토일록》에 기록된 이천수창의소의 부서와 편제는 다음과 같다.

이천수창의소의 부서와 편제

─부서

창의대장 민승천閔承天

각군도지휘 김하락金河洛

제군문도총 조성학趙性學

좌군장	김귀성金貴星, 金龜星	우군장 신용희申龍熙
선봉	김태원金泰元	중군장 구연영具然英

후군장　박준영朴準英, 朴周英[01]　　소모장 전귀석全貴錫

유격장　김경성金敬誠　　　　돌격장 심종만沈鍾萬

도지휘종사 안옥희安玉熙 안재학安載學

대장종사 최순룡崔順龍 김명신金明信

도총종사 조순희趙舜熙

중군종사 최진엽崔鎭曄

―편제

(1기) 1대 십장 허봉룡許奉龍　　2대 십장 김봉학金奉學

　　　 3대 십장 이경운李敬雲

(2기) 1대 십장 이상태李相台　　2대 십장 김한룡金漢龍

　　　 3대 십장 표금하表金河

(3기) 1대 십장 문기현文奇現　　2대 십장 이준성李俊性

　　　 3대 십장 신탁원申卓元

기총 고기준高箕俊

1초 초관 김순삼金順三　　　　2초 초관 고응선高應善

3초 초관 권영수權榮壽　　　　4초 초관 홍대현洪大現

5초 초관 김만석金萬錫　　　　6초 초관 한석기韓錫琪

01　김하락의 《정토일록》과 조성학의 《정토일록》에는 박준영朴準英으로 기록되었
　　으나 김태원의 《집의당유고》와 《동경조일신문》에는 모두 박주영朴周英으로 기
　　록되었다. 이 책에는 박주영으로 쓴다.

이와 같이 이천수창의소는 경기도 일원 각처에서 이미 활동하고 있던 각 의병들을 규합한 연합의병부대였으며, 각 군의 포군을 규합한 전투의병이었다.

3. 유생과 관료가 주축이 되다.

이천수창의소는 1895년 11월 15일 단발령 발표 이후 이천으로 내려온 김하락을 비롯하여 조성학·구연영·김태원·신용희 등 서울에 거주하던 유생과 관료들을 주축으로 결성되었다.

조성학은 김하락의 권유로 이천수창의소의 제군문도총諸軍門都摠을 맡았다. 그의 본집은 경북 의성군 금성면金城面 청로동靑路洞이었는데, 젊을 때 대구 팔공산에서 수학하였고, 성년이 되어 부모와 함께 경북 풍기군豊基郡 백운동白雲洞에 이거하여 살았다. 김하락과 비슷한 처지의 영남 출신 재야유생이었으며, 한때 김하락도 조성학이 살고 있던 청로동에 이거하여 서당을 열었던 적이 있었다. 그는 김하락과 함께 상경하여 활동하다가 의병에 참여하였다. 특히 조성학은 군사작전에 즈음하여자주 점을 치고 있는 것으로 보아 《주역周易》을 읽고, 어느 정도 군사적 소양을 갖추고 있었던 것으로 보인다. 그는 김하락을 도와 의병진의 주요 작전을 결정하는 데 큰 역할을 하고 있었다. 김하락이 순국한 뒤 은거하다가 1914년 서거하였고, 진중일기인《정토일록征討日錄》을 남겼다.

구연영具然英, 1864.6.20.~1907.7.16.은 서울 출신의 관료이다. 호는 춘경春景이고 본관은 능성綾城이다. 그의 집안은 광주군廣州郡 실촌면實村面 삼리三里에 세거하였으며, 구철조具哲祖의 3남으로 서울에서 태어났다. 그는 한때 관직에 종사한 적도 있었으나 사직하고, 선대의 고향인 광주군 도척면都尺面 궁평리宮坪里에 머물며 가업에 힘을 쓰고 있었다. 이천수창의소의 중군장中軍將을 맡았으며, 남한산성에서 패한 뒤 김하락과 함께 영남으로 이동하여 의병 활동을 벌이다가 1896년 4월 15일 비봉산전투 뒤 이천에서 함께 갔던 의병 30여 명을 이끌고 이천으로 귀향하였다.

신용희申龍熙, 1874~1907.9.10.는 서울에 거주하던 재야유생이었다. 자는 이현利現, 호는 운호雲湖, 본관은 평산平山이다. 서울에서 김하락 등과 함께 한강을 건너 이천으로 들어갔다. 신용희는 음죽·죽산 방면으로 가서 화포군을 소집하였고, 이천수창의소의 우군장右軍將에 임명되었다. 1897년 1월 17일 백현전투와 2월 12일 이현전투에 참여하였다. 3월 22일 남한산성에서 패한 뒤 영남으로 이동하였고, 5월 14일 의성연합의진의 청송 감은리전투에 참여하였다.

김태원金泰元, 1863.9.15.~1932.3.13.은 서울 출신으로 별군직別軍職 선전관宣傳官을 역임하였던 관료이다. 자는 춘백春伯, 호는 집의당集義堂, 본관은 해풍海風, 김준金準이라는 다른 이름을 사용하기도 하였다. 서울에서 김하락 등과 함께 한강을 건너 이천으로 들어갔다. 1895년 음 11월 경기도 이천에서 김하락·구연영 등과 함께 군사를 소모하여 이천수창의소를 결성하고 선봉장先鋒將을 맡아 백현전투와 이현전투에서 일본군과 접전을 벌였다. 남한산성을 점령한 뒤 서울진공작전을 계획하였으나 일본군의 반격으로 남한산성이 함락되자 남은 의병을 이끌고 영남지방으로 남하하던 길에 경북 의성에서 유인석 휘하의 호좌의진 서상렬부대部隊에 합류하였다. 특히 이강년의진李康秊義陣의 수안보전투水安堡戰鬪에서 5, 6초哨의 군사를 수합, 서창西倉에서 연합작전을 전개하였으며, 유인석이 요동遼東으로 서행西行할 때 수행하기도 하였다. 그리고 1906년 윤 4월 최익현崔益鉉이 창의하자 소토장召討將으로 활동하다가 붙잡혀 3개월 정도 옥고를 치르기도 했다. 1907년 다시 기의한 이강년의진에 참여하는 등 쉬지 않고 의병활동에 참여하였다. 1932년 강원도 영월에서 서거하였다. 문집《집의당유고集義堂遺稿》가 있다.

4. 포군을 규합한 전투의병이다.

이천수창의소는 경기도 각 군의 화포군火砲軍과 남한산성소속 별패진別牌陣 포군砲軍을 주력으로 대오를 편성한 전투의병이었다.

김하락을 비롯하여 조성학·구연영·김태원·신용희 등은 처음 이천에 들어가 화포군 도령장 방춘식方春植의 협조를 받아 포군 1백여 명을 징발하여 각처에서 소모 활동을 벌였다. 이어서 조성학은 광주산성廣州山城, 南漢山城의 별패진 포군 3백여 명, 구연영은 양근·지평 군사 3백여 명, 신용희는 음죽·죽산에서 화포군 3백여 명 등 9백여 명을 모집하였다. 특히 안성으로 파견된 김태원은 이미 창의하여 활동하고 있던 민승천을 규합하였고, 이천군에서 전주석(전귀석)이 거느린 화포군 50~60명, 광주군에서 고응선高應善이 거느린 화포군 50~60명을 규합하였다.

이천수창의소의 창의 과정이나 조직과 편제에서 주목되는 인물은 이천의 방춘식, 안성의병장 민승천, 여주의 박주영, 이천의 김귀성, 이천의 전귀석全貴錫, 혹 全周錫, 광주의 고응선, 화포군 김봉학金奉學 등이다. 이들은 대부분 서울 주변의 경기도 각군에 소속된 화포군으로 이천수창의소에서 전투를 담당하였던 주력 부대였다.

방춘식은 이천군의 화포군 도령장이었다. 1896년 11월 17일 김하락 등이 이천군에 들어오자 《포진도안砲陣都案》에 실린 화포군 1백여 명을 징발하였고, 이들 화포군을 각처로 파견하여 경기도 각 군의 화포군을 모집하는데 중요한 역할을 하였다.

민승천은 일찍이 안성에서 창의하여 의병 활동을 벌이고 있었는데, 김태원이 안성에서 소모 활동을 하던 중 함께 활동하기로 약속하였다. 이천수창의소의 창의대장에 추대되었다가 이현전투에서 패한 뒤 박주영이 대장으로 추대되었다.

안옥희安玉熙, 1863.9.16.~1939.3.16.는 경기도 광주군 도척면 궁평리에서 태어났다. 자는 경진敬振, 본관은 순흥順興이다. 이천수창의소의 각군도지휘 김하락의 종사從事로 활동하였다. 남한산성전투에 참가하였으며, 남한산성이 함락된 뒤 김하락과 함께 영남지방으로 이동하여 의성연합의진과 경주연합의진, 그리고 영덕연합의진에 참여하여 생사를 함께 하였다. 1896년 6월 15일 경주연합의진이 결성되자 좌익장左翼將에 임명되어 경주성전투에 참여하였다. 7월 13일 영덕전투에서 크게 패한 김하락이 강물에 투신하여 순국한 뒤, 광주로 귀향하여 구연영과 함께 구국회救國會를 조직하는 등 항일운동을 전개하였다. 경기도로 귀환하여 기독교에 입문하고 궁평교회宮坪敎會를 설립하기도 하였다. 1939년 서거하였는데, 1992년 건국훈장 대통령표창이 추서되었다.

박주영은 여주 출신으로 광주의진의 의병장 심진원沈鎭元의 휘하에서 활동하다가 이천의진의 대장으로 추대되었다. 시위대 참령 장기렴張基濂이 박주영에게 광주유수, 김귀성에게 수원유수를 주겠다고 제의하자, 2월 21일 배신하고 관군을 남한산성으로 불러들였다. 이에 김하락 등은 박주영을 포박하여 심진원의 진영으로 보내어 목을 베도록 하였다.

김귀성은 경기도 이천 출신으로 이천수창의소의 좌군장左
軍將으로 활동하였다. 김하락의 《정토일록》에는 김귀성金貴星
으로 기록하고 있으나, 김태원의 〈을병사략乙丙史略〉에는 김귀
성金龜星으로 기록하고 있다. 박주영은 효수되었으나, 김귀성은
장기렴에게 귀순하여 의병을 습격함으로써 남한산성이 함락되
기에 이르렀다.

전귀석은 이천 출신으로 화포군 50~60명을 거느리고 있었
다. 백현전투 이후 김태원의 설득으로 12월 12일 휘하의 방경옥
方敬玉과 포군 7명을 보냈다. 그리고 광주에서 포군 50~60명을
거느리고 의병 활동을 하던 고응선을 끌어들이는 데 기여하였
으므로 이천수창의소의 소모장召募將에 임명되었다.

고응선은 광주 출신으로 화포군 50~60명을 거느리고 의병
활동을 전개하고 있었다. 전귀석의 주선으로 김태원과 결의형
제를 맺고 화포군 50명을 거느리고 참여하였고, 이천수창의소
의 2초 초관哨官으로 활동하였다.

그 외 심종만沈鍾萬은 죽산 출신으로 이천수창의소의 돌격
장突擊將으로 활동하였으며, 이준성李俊性은 광주 출신으로 조
성학의 설득으로 참여하여 3기騎 2대隊 십장十長에 임명되어
활동하였다. 그리고 김순삼金順三은 광주 출신으로 조성학의
설득으로 참여하여 1초 초관哨官으로 싸웠다.

특히 주목되는 인물은 1기 2대 십장 김봉학金奉學이다. 그는
황해도 황주黃州 출신으로 이천수창의소에 참여하였으며, 을미
의병 해산 이후 대한제국의 군대에 들어가 평양진위대平壤鎭衛
隊 상등병上等兵을 거쳐 부대가 서울로 소환되자 시위대 제3대
대 제2중대에 배속되어 복무하였다. 1905년 11월 을사늑약에
즈음하여 민영환閔泳煥·조병세趙秉世 등이 자결하자, "대대로
녹을 먹던 신하로서 순국함은 당연하며, 나 또한 군인으로서 6
년이나 지내면서 나라를 지키지 못했으니 원수인 왜놈을 죽이
고 나도 죽겠다."고 하면서 동지들과 모의하여 이토 히로부미伊
藤博文를 처단할 계책을 세우다가 실패하고 음독 자결하였다.

5. 백현전투에서 크게 이기다.

1895년 12월 3일(양 1896년 1월 17일) 이천수창의소는 일본군
수비대 보병 1백여 명이 이천으로 공격해 온다는 정보를 입수
하였다. 각군도지휘 김하락은 대장 민승천과 상의한 결과 의병
들이 민군民軍임을 감안하여 복병을 통해 대적하기로 하였다.
이에 따라 김태원·구연영·김귀성·조성학 등이 각기 군사를 거
느리고 요해처에 잠복하였다. 이들의 매복 상황을 김하락의《정
토일록》에서는 다음과 같이 기록하고 있다.

나는 대장에게 이르기를, "저놈들은 훈련을 받은 군사요, 우리 군사는 규합紙合한 군중들이라, 아직 기정奇正의 변화와 주객의 형세, 적을 막는 방책에 익숙하지 못하니, 먼저 복병을 하여 덮쳐 무찌를 기회를 기다릴 수밖에 없다." 하고, 곧 김태원을 차출하여 1초군哨軍을 거느리고 백현魄峴에 복병케 하고, 구연영은 1초군을 거느리고 백현 아래 깊숙한 골짜기에 복병하게 하고, 김귀성·신용희는 2초군을 거느리고 백현 상봉으로 가 복병케 하고, 조성학은 2초군을 거느리고 백현 아래 산 오목한 곳으로 가도록 하였다.　　《정토일록》, 12월 초3일)

이천수창의소의 군사들은 백현魄峴을 중심으로 야산에 매복하여 일본군 수비대를 기다리고 있었다. 12월 4일(양 1896년 1월 18일) 일찍부터 조성학이 공격하기 시작하면서 전투가 벌어졌다. 이때의 전투 상황을 김하락의 《정토일록》에서는 다음과 같이 기록하고 있다.

초4일. 이른 아침에 조성학이 적과 더불어 교전하여 여러 시간 격전을 벌이다가 갑자기 쇠북을 울리며 퇴군하여 백현으로 달아나니 적병이 고함을 치며 뒤를 따라 쫓아와 백현 아래 당도하였다. 그 때에 문득 대포 소리가 울리며 구연영은 전면을 가로막고, 김귀성·신용희는 산 중턱으로부터 쏜살같이 내려오고, 조성학은 적의 돌아갈 길을 횡단하여 사방에서 협격하니, 적은 포위망 속에 빠져서 진퇴의 길이 없었다. 나는 군사를 지휘하여 엄습해 무찔러 적병은 죽은 자가 수십 명이 었고, 우리 군사는 한 사람도 상한 자가 없었다. 한참 동안 무찌르다 보니 날은 이미 저물어 초승달은 서쪽 하늘에 떠있는 데 칼바람은 뼛속을 뚫는 듯하였다. 이윽고 달은 지고 밤 10시 즈음, 적은 한 가닥 길을 찾아서 암암리에 도망하므로, 좌우의 우리 군사는 밤새도록 뒤를 쫓아 광주군廣州郡 장항獐項 장터에 도착하였다.

바로 초닷샛날 새벽이었다. 샛별은 반짝이고 새벽닭 울음은 여기저기 들리는데, 위아래 행진에서는 포성이 끊어지지 않았다. 이때에 적병이 장터에서 잠깐 쉬다가 우리 군사가 쫓아오는 것을 보고 곧장 앞만보고 달아나므로, 뒤를 쫓아 습격하여 수십 명을 쏘아 넘어뜨리니, 나머지 적은 총과 탄환을 버리고 혹은 찬 칼을 끌러 버리고 달아나므로, 쇠북을 울려 군사를 거두어 장항 장터로 올라와 군사들에게 먹을 것을 나누어 먹였다. 뒤에 동민의 말을 들으니 "그저께는 적의 군사가 1백 80명이었는데, 어제는 겨우 36명만이 패해 달아났고, 또 오늘 아침에 죽은 적을 제외하면 살아 돌아간 자는 응당 두어 명 밖에 되지 않을 것이다."라고 하였다.

《정토일록》, 12월 초4일）

이천수창의소는 일본군 수비대를 상대로 한 첫 번째 전투,

이천의병전적비
광현전투(백현전투) 기념비. 경기도 이천군 신둔면 남정리 소재.

이른바 백현전투魄峴戰鬪, 혹 廣峴戰鬪에서 크게 승리하였다. 이른 아침부터 낮과 밤을 이어 이튿날 새벽까지 치열한 전투를 벌였다. 그리고 후퇴하는 일본군을 추격하여 광주의 장항障項장터까지 따라가 섬멸하였다. 당시 일본군 수비대 군사 180명 가운데 백현에서 36명이 살아 달아났고, 장항장터에서 목숨을 건진 자는 두어 명밖에 되지 않을 것이라 하였다. 다소 과장이 있을 가능성도 있지만, 이천수창의소가 첫 번째 전투에서 거둔 큰 승리였다.

장항장터 전투지 전경
경기도 광주시 도척면 노곡리 노루목장터의 모습이다.

이천 본진으로 회군한 이천수창의소는 12월 6일(양 1896년 1월 20일) 큰 소 세 마리를 잡아 군사들을 먹이고, 12월 16일 휴식, 17일 보통 교련, 18일과 19일 대군문 교련을 실시하였다.

6. 일본군의 기습에 대비하다.

백현전투에서 크게 이긴 이천수창의소는 일본군의 기습에 대비하였다. 김하락의 《정토일록》에 따르면, 여러 장수들로 하여금 부서를 정해 요해처를 방비하도록 하였다. 즉 조성학은 이현梨峴, 구연영은 남천南川, 김태원은 원적산元寂山 요로, 신용희는 여주의 경계, 김귀성은 양지陽智의 경계, 그리고 심종만은 유격대 1초군을 거느리고 한강 위아래를 순회하도록 하였다.

　11일에는 눈이 내려서 교련을 중지하였다. 나는 말하기를, "병법이란 뜻밖의 일에 대비해야 하는 것이니, 적이 이번 패전하여 비록 담이 떨어졌을지라도 뒤에 반드시 다시 올라올 것인즉, 좁은 목을 굳게 지켜 오는 적을 막아야 한다." 하고, 곧 여러 장수를 차출하여 요해처를 지키기로 하였다. 그래서 조성학으로 하여금 이현梨峴을 수비케 하고, 구연영으로 남천南川을 지키케 하고, 김태원은 원적산元寂山 요로를 수비케 하고, 신용희는 여주 경계를 막게 하고, 김귀성은 양지陽智의 경계를 수비케 하고, 심종만은 유격대 1초군을 거느리고 한강 위아래를 순회케 하였다.　　　　　　　　　　　　　　　　(《정토일록》, 12월 11일)

　1895년 12월 12일(양 1896년 1월 26일) 김하락은 대장 민승천과 함께 각도와 각군에 격문檄文을 보내 창의를 호소하였다. 이튿날 27일에는 고종황제의 〈애통조哀痛詔〉가 도착하였다. 이 조칙으로 의병진의 사기는 더욱 충천하였다.

　12월 14일 김하락은 참모 이춘용李春鏞을 충주·청주로 보내

창의를 독려하였고, 소모 전귀석을 여주로 보내 창의장 심상희
沈相禧와 연합을 논의하였다. 한편 김하락은 12월 18일(양 1896
년 2월 1일)부터 각군의 파수진영을 순시하며 장병을 위로하였
으며, 선봉장 김태원도 죽산·이천·광주 등지를 전전하며 의병
을 소모하였다. 한편으로는 서울을 비롯하여 각처로 척후병을
파견하여 일본군의 동향을 살폈다. 그 결과 광주에서 고응선이
포병 50명, 전귀석 휘하의 방경옥이 포군 40명을 거느리고 합세
하였다.

1895년 12월 25일(양 1896년 2월 8일) 선봉장 김태원부대는 여
주의진의 심상희와 협력하여 일본군 3백 명과 전투를 벌였다.
김태원의 〈을병사략乙丙史略〉에서는 이 전투에 대하여 다음과
같이 기록하고 있다.

이날 병사들에게 맹서하고 단壇에 올라가서 고응선高應善
을 중군中軍으로, 이덕승을 운량장運粮將으로 삼았는데, 이날
은 바로 을미년(1895년) 12월 25일이었다. 한밤중에 왜병 3백
명이 우리 군대를 공격해 왔다. 새벽에 심상희沈相禧 진영과
함께 동쪽과 서쪽으로 협공하여 적병 2백 명의 머리를 베고
적 2명을 사로잡고는 40리를 추격하다가 돌아와서 여주읍驪州
邑에 머물렀다.   〈〈乙丙史略〉〉

7. 이현전투에서 크게 패하다.

1895년 12월 29일(양 1896년 2월 12일) 일본군 수비대 2백여 명이 이천을 공격했다. 이미 이천수창의소는 2월 10일 각처 요해처에 주군하고 있던 파수장把守將들을 이천으로 불러들여 방어책을 엄중히 지시하였다. 일본군은 광주에서 하룻밤을 숙박하고 12월 30일(양 1896년 2월 12일) 새벽 4대로 나누어 공격해 왔다.

김하락의 《정토일록》에 따르면, 12월 29일부터 30일까지 벌어진 이현전투梨峴戰鬪에서 다음과 같이 교전하였다.

29일. 새벽녘에 적병이 과연 4개 부대로 나누어 기습하여 왔다. 김태원은 1초군을 거느리고 적 앞에 곧장 나아가 돌격전을 벌이고, 조성학은 원적산으로 가서 그 귀로를 차단케 하고, 구연영은 1초군을 거느리고 이현 동구를 수비케 하고, 신용희·심종만은 각기 1초군을 거느리고 좌우편으로 복병하고, 나는 유병遊兵 1초를 데리고 높은 곳에 올라 지휘하고, 대장은 종사관 안옥희·최진엽과 더불어 1초를 거느리고 중앙진中央陣을 고수케 하였다. 복병을 완료하고 각 장수가 좌우로 협격함에 포성은 우레 같고 탄환은 우박 같아 종일토록 교전하였으나 승부가 결정 나지 않았으므로 각자 군사를 거두어들였다.

30일. 새벽녘에 적병이 또 와서 공격하였다. 각 장수들은 죽을힘을 다해 전진하여 수시간 동안 큰 싸움을 벌였다. 10시

이천수창의소 결성지 및 이현전투지
경기도 이천시 마장면 이치리 소재.

정각에 이르러 서북풍이 크게 불어 검은 구름이 하늘을 뒤덮
었다. 조금 지나 큰 눈이 퍼부어 지척을 분간하기 어려웠다.
이때에 적병은 서북을 등지고 동남을 향하였고, 아군은 동남
을 등지고 서북을 향한 까닭에 눈이 얼굴에 들이쳐 사람으로
하여금 눈을 뜰 수 없게 하였다. 좌우의 여러 군사는 수족을
놀릴 수 없어 다만 빈총만 들고 사방으로 흩어져 목숨을 지키
기에 급급하니 형세가 매우 창황하여 부득이 군사를 거두어
본진으로 돌아왔다. 적은 마침내 이현梨峴으로 들어가 방화放

火하니 한 동리가 소탕掃蕩되어 계견鷄犬조차 남은 것이 없었다. 아! 참혹하다. 　　　　　《정토일록》, 1895년 12월 29일~30일

1896년 1월 1일(양 2월 13일) 이천수창의소의 장령과 군졸은 흩어져 도주하고 말았다. 대장 민승천은 친위병을 거느리고 죽산 쪽으로 떠났고, 조성학은 군물을 버리고 영남으로 떠나갔다. 그리고 구연영은 원주 쪽으로, 나머지 장졸도 사방으로 흩어졌다. 조성학은 경북 풍기로 떠난 뒤, 김하락은 어느 농가에서 몸을 피신하였다.

이현전투에서 이천수창의소는 크게 패했다. 일본군은 이현의 한 마을을 초토화시키는 만행을 저질렀다.

8. 진용을 다시 정비하다.

이현전투에서 패한 이후 김하락은 이천수창의소의 재정비에 나섰다. 1896년 1월 2일(양 2월 14일) 김하락은 여주의진 대장 심상희를 방문하여 여러 날을 머물면서 여주의진과 서로 힘을 합치기로 약속하였다. 그리고 심상희의 여주의진 군사 5백 명과 함께 다시 이천으로 들어가 재기를 모색하였다.

1월 18일(양 3월 1일) 김하락은 이현으로 들어갔다. 그리고 19일 여러 곳에 통지하여 구연영·신용희·전귀석·민승천 등의 장

졸을 모았다. 그는 《정토일록》에서 그때의 상황을 다음과 같이
기록하고 있다.

19일. 여러 곳에 통지하였더니 장졸들이 차츰 모여들었다.
구연영은 원주에서 군사 수백 명을 일으키고, 신용희·전귀석
은 3초의 군대를 수습하고 김태원 역시 흩어진 군사를 수습
해 왔다. 군의 기세가 다시 떨쳤다.
23일. 안성에 격문을 보내어 민승천을 부르니 그의 우장右
將이 군사를 거느리고 왔다.
24일. 군총軍摠을 점고點考한즉, 포군이 1천 8백 명이고, 장
관將官과 종사從事를 합쳐 2천여 인이었다.

(《정토일록》, 1896년 1월 19일~24일)

1월 24일(양 3월 6일) 김하락이 진용을 다시 정비하는 과정에
서 수습된 장졸들은 2천여 명이었다. 그리고 "패전한 장수는 다
시 등용할 수 없다."고 하여, 창의대장이었던 민승천 대신 박주
영을 대장으로 추대하였다. 김하락의 《정토일록》에 따르면, 연
합의진으로 편성된 이천수창의소의 진용은 다음과 같다.

24일. 군총을 점고한즉, 포군이 1천 8백 명이고, 장관과 종
사를 합쳐 2천여 인이었다. 마침내 박준영朴準英으로 대장을

삼고, 심상희로 여주 대장을 삼고, 나는 군사軍師 겸 지휘指揮
가 되고, 도소모都召募는 전귀석, 선봉은 김태원, 중군은 구연
영, 우익장右翼將은 김경성, 후군은 신용희였고, 그 나머지 참
모 종사관은 당초 창의할 때 임명한 사람을 그대로 두어 시행
케 하였다. 그리고 수일 동안 합진하여 훈련을 실시하였다.

(《정토일록》, 1896년 1월 24일)

대장	박주영朴周英		
여주대장	심상희沈相禧		
군사겸지휘	김하락金河洛		
도소모장	전귀석全貴錫	선봉장	김태원金泰元
중군장	구연영具然英	좌군장	김귀성金貴星, 金龜星
우군장	김경성金敬誠	후군장	신용희申龍熙

이천수창의소는 대장 박주영, 여주대장 심상희, 군사 겸 지
휘 김하락, 도소모장 전귀석, 선봉장 김태원, 중군장 구연영, 우
익장 김경성, 후군장 신용희 등이 임명되어 연합의진의 체제를
갖추었으나 큰 변동은 없었다. 그리고 참모와 종사관 등 나머지
지도부의 조직도 변동이 없었다.

박주영은 광주의진의 대장 심진원沈鎭元이 선봉장 김태원에
게 소개한 인물로 심진원의 휘하에서 활동하고 있었다. 심진원
은 1896년 1월 10일(양 2월 22일) 광주산성, 곧 남한산성을 점령

하였고, 곧이어 시위대 참령 장기렴張基濂이 성을 포위하고 압박하자 김태원에게 구원을 요청하였다. 선봉장 김태원은 〈을병사략〉에서 1월 15일(음 2월 27일) "정예병 수천 명을 거느리고서 즉시 포위를 뚫고 진격하여 대대적인 전투를 벌여 물리치고는 성으로 들어갔다."고 했는데, 이때의 상황을 다음과 같이 기록하고 있다.

광주廣州의 의병장 심진원이 남한산성에 있으면서 격문을 보내오기를, 이달 10일에 산성으로 들어와서 주둔하고 있는데, 참령參領 장기렴이 병사 8백 명을 거느리고서 몇 겹으로 포위하고 있다. 지역은 더할 수 없는 요해처인데 병사의 수가 많지 않으므로 성이 함락될까 염려스러운 상황이다 하면서 하루에 세 차례나 급한 상황을 알려왔다. 이에 친히 정예병 수천 명을 거느리고서 즉시 포위를 뚫고 진격하여 대대적인 전투를 벌여 물리치고는 성으로 들어갔다. 이날 전투에서 운량장 이덕승이 전사하고 병졸 수십 명이 죽었으며, 나도 여러 군데에 탄환을 맞았다. 이날은 정월 15일이었다.

〈〈을병사략〉, 1896년 1월 10일~15일)

김태원은 이천수창의소가 진용을 정비하는 과정에서 심원진으로부터 박주영을 소개받았던 것이다. 김태원의 〈을병사략〉에 따르면, 박주영의 추대 경위를 다음과 같이 기록하고 있다.

심진원의 진영에 알렸더니 그곳에서 박주영朴周英이라는
자를 보내왔다. 군영에 도착한 그와 이야기를 해 보았더니 수
작이 영민하고 빈틈이 없으며 고금을 두루 꿰뚫는 재주가 있
었다. 사람들이 모두 믿을 만한 사람이라고 말했다. 이에 그
를 추대하여 대장군을 삼고 나는 선봉장이 되어 군중의 크고
작은 일을 모두 그에게 물어서 결정하였다.   (《을병사략》)

이와 같이 이천수창의소는 대장으로 박주영을 영입하였고,
여주의진의 대장 심상희와 연결하는 연합의진을 편성하였다.
그리고 이천수창의소의 김하락 등은 1월 30일(양 3월 13일) 남한
산성으로 들어갔다.

III. 남한산성 연합의진의 조직과 서울진공작전

1. 남한산성에 들어가다.

    1896년 1월 30일(양 3월 13일) 이천수창의소는 남한산성에 들어갔다.[01] 이천수창의소는 진용을 정비하는 과정에서 합세한 여주의진驪州義陣, 남한산성을 점령하고 있던 광주의진廣州義陣,

---

01   김하락의 《征討日錄》에서는 1896년 1월 30일(양 3월 13일) 남한산성으로 들어갔다고 하였다. 유한철은 〈金河洛義陣의 義兵活動〉에서 《東京朝日新聞》이나 《續陰晴史》를 따라 2월 28일로 파악하고 있다.

그 뒤 합세해 온 양근의진楊根義陣 등과 연합하였다. 이른바
'남한산성의진'이다. 1896년 4월 1일자(음 2월 19일)《동경조일신
문東京朝日新聞》에서는 남한산성 연합의진에 대해 다음과 같이
보도하고 있다.

남한산성 내의 적수賊數는 약 1,600명이다. 그 가운데 1천여
명은 광주·이천·양근의 포군, 곧 구지방병舊地方兵이고 나머
지 6백 명은 광주의 농민이다. 적의 수괴首魁는 광주의병장廣
州義兵將 심영택沈灤澤, 이천의병장利川義兵將 박주영朴周英, 양
근의병장楊根義兵將 이석용李錫容(필자 주; 李承龍) 등 3명이다.

《동경조일신문》1896년 4월 1일자, 3월 18일 경성발)

남한산성 연합의진은 이천수창의소를 비롯하여 여주의진 심
상희, 광주의진 심영택, 양근의진 이승용이 연합한 의병진으로
병력은 1,600명 이상이었고, 이천수창의소는 1월 30일(양 3월 13
일) 남한산성으로 들어갔다. 김하락의《정토일록》에서는 남한
산성에 대해 다음과 같이 기록하고 있다.

30일. 광주산성으로 이진移陣하였다. 사방의 산은 삭립削
立하고 치첩雉堞은 견고하여 참으로 일부一夫가 관문을 지키
면 만부萬夫라도 열 수 없는 곳이다. 성중을 두루 살펴보니

남한산성 전투지
경기도 광주시 중부면 산성리 소재.

쌍인 곡식이 산더미 같고, 식염食鹽이 수백 석, 군수물자가 풍
비豐備하여 대완기大碗器가 수십 자루, 불랑기拂狼器가 수십
자루, 천황포天黃砲·지자포地字砲도 역시 수십 자루, 천보총千
步銃이 수백 자루, 그 나머지 조총도 수효를 헤아릴 수 없다.
탄약과 철환이 산더미 같았다. 여러 장수들은 군용이 여유
있고 진지가 견고하니 환희하였다.

《정토일록》, 1896년 1월 30일)

남한산성 연합의진은 천연의 요새를 점령하고 풍부한 군수물자를 갖추었고, 1,600명 이상의 의병부대를 무장시킬 수 있어 강력한 전투력을 보유하게 되었다. 김하락은 2월 1일(양 3월 14일) 소 2마리를 잡아 군사들을 먹이는 한편, 2월 2일 각각 파수를 정하였다. 즉 선봉 김태원은 남문을 지키고, 후군 신용희는 북문을, 우익장 김경성은 서남문을, 좌익장 김귀성은 동문을 각각 지키고, 구연영은 장교청에 진을 마련하여 중앙을 지키게 하였다. 그리고 김하락은 유격병을 거느리고 지휘하였다.

2. 남한산성 연합의진이 크게 이기다.

남한산성을 장악한 남한산성 연합의진은 강력한 전투력을 보유하게 되었다. 이에 크게 위협을 느낀 일제는 고종을 협박하여 의병의 '토벌討伐'을 강요하였다. 김하락의 《정토일록》은 그 상황을 다음과 같이 기록하고 있다.

우리 전하를 협박하며 하는 말이 "이미 두 나라는 호의를 강론하는 처지가 되었는데 백성으로 하여금 의병을 일으켜 우리를 해롭게 하니 개화의 본 취지가 어디에 있습니까." 하고, 누차 말씀을 올렸으나 성상께서 끝내 어떻다는 조칙이 없으므로, 마침내 역당과 더불어 밀의하고, 억지로 조서를 꾸며 우리나라 병대 5백 명을 징발하여 산성으로 몰려와 사면을 포위하니, 이 자들이 비록 우리나라 민족이나 결국 왜적에게 넘어간 군사들이라, 부득이 적병으로 간주할 수밖에 없었다.

(《정토일록》, 1896년 2월 2일)

즉 고종은 일제의 강요에도 불구하고 끝까지 협조하지 않았다. 이에 일제는 친일관리들을 위협하여 억지로 조서를 꾸며 한국군 5백 명을 동원하여 남한산성을 포위하였다. 이에 2월 3일(양 3월 16일)부터 2월 12일(양 3월 25일)까지 남한산성 연합의진은 일본군에 대응하여 큰 승리를 거두었다. 김하락의 《정토일록》에서는 3월 16일 벌어진 첫 번째 전투에 대해 다음과 같이 기록하고 있다.

3일. 나는 포군 36명을 내어 36개 소의 소나무 숲 사이에 매복埋伏하고 있다가, 적이 산 중턱을 향할 무렵에 36개 소에서 차례로 포를 터뜨리니, 적이 복병이 있는지 의심하고 후퇴하여 내려갔다. 나는 웃으며 말하기를, "싸움의 승리란 많은 군사에만 있는 것이 아니라, 군사를 어떻게 쓰느냐에 달렸다." 하고, 군사를 거두어들였다.   (《정토일록》, 1896년 2월 3일)

첫 번째 전투에 대하여 1896년 3월 18일자 《동경조일신문》도 그 상황을 다음과 같이 보도하였다.

친위대親衛隊 일중대一中隊와 대포 2문을 무장한 공병대工
兵隊 30여 명은 재작일再昨日 그 세勢를 합해 성을 공격했으
나 적은 그 지地의 이利를 점하고 있어 관병官兵을 감하瞰下
하여 방전防戰하였다. 소수의 친위병은 그것을 감당치 못하고
드디어 송파松坡 부근 모지某地로 후퇴했고 대포 1문을 적에
게 빼앗겼다. 차일此日의 전戰은 전적으로 친위병親衛兵의 불
리不利로 돌아갔다.　　　　　（《동경조일신문》 1896년 3월 18일자）

첫 번째 전투 이후 일본군과 남한산성 연합의진은 서로가
대치하며 산발적인 전투를 이어갔다. 김태원은 〈을병사략〉에서
이때의 상황을 "밤낮으로 적과 대치하여 하루도 그냥 넘어가는
날이 없이 봉화가 서로 이어졌으며, 밤에도 잠자리에 들지 못하
였고, 낮에는 병사들을 훈련시켰다."고 기록하고 있다. 이와 같
이 각처 의병진은 서로 간의 협력과 군사훈련을 통해 밤낮없이
대응책을 마련함으로써 전세는 연합의병에게 유리한 국면으로
이어졌다.

이에 개화파 정부는 강화도 지방병 3백여 명을 남한산성에
증파하는 한편, 양도糧道를 끊고 해산을 권유하는 효유서曉諭
書를 보냈다. 그러나 남한산성의 연합의진은 거의의 당위성을

주장하며 일본군의 철거를 주장하는 선유문宣諭文을 발표하였다. 1896년 4월 2일자 《동경조일신문》에 실린 선유문은 다음과 같다.

"금일 너희는 10일 이내에 집을 철거하고 한 사람도 남지마라. 만약 혹 한시限時 내에 떠나지 않는다면 불가불不可不 병력兵力으로 도륙屠戮할 것이다."라고 선유宣諭하였다.

《동경조일신문》1896년 4월 2일자)

첫 번째 전투 이후 관군의 효유문曉諭文과 일본군의 퇴거를 주장하는 연합의진의 선유문宣諭文이 오고가는 소강상태가 한동안 지속되는 상황에서 중앙정부는 계속 병력을 증파하였다. 1896년 4월 1일자 《동경조일신문》은 다음과 같이 병력이 파견 배치되었음을 기록했다.

강화도병江華島兵 2백은 대포 2문門으로 성의 동문을 향해 불당곡佛堂谷이라고 하는 곳에 진을 치고 있고, 친위親衛 1중대는 성의 북문을 향해 향교리鄕校里에 진을 치고 있고, 동 1중대는 성의 남문을 향해 매착점梅着店에 진을 치고 있고, 서문을 향해서는 친위親衛 1소대가 있고, 동북문東北門 사이에는 동 1소대가 있다. 《동경조일신문》1896년 4월 1일자)

남한산성에서 첫 번째 전투 이후 연합의진이나 관군 모두 병력이 날로 증강되었으며, 대치 상태가 지속되었다. 이러한 상황에서 남한산성 연합의진은 서울진공작전을 수립하였다.

3. 서울진공작전을 수립하다.

남한산성 연합의진과 관군이 서로 대치하고 있는 상황에서 김하락은 2월 19일(양 4월 1일) 갑작스런 병을 치료하기 위해 남한산성을 내려갔다. 김하락의 《정토일록》에서는 그 이후 전투 상황이나 연합의진이 추진하고 있던 서울진공작전에 대해서 기록이 없다. 뿐만 아니라 김태원의 〈을병사략〉에서도 서울진공작전에 대한 기록이 없다.

남한산성 연합의진이 추진하고 있던 서울진공작전에 관해 1896년 3월 31일자 《동경조일신문》에서는 〈적도賊徒의 계획計劃〉이란 기사로 보도하고 있다.

경성부근의 주위周圍에 봉집蜂集해 있는 도도滔滔한 적중賊衆의 계획은 남한산南漢山·오미장五味場을 서로 연락해 먼저 수원水原을 공격하고 그곳을 함락한 후 동지同地와 광주廣州를 근거지로 하여 세를 몰아 남한산성南漢山城 아래에 둔집해 있는 정토군征討軍을 타파하고 다시 동로東路 3도三道, 忠

淸·全羅·慶尙에서 수만의 중衆을 소집, 경성에 침입하여 로관
정부露館政府를 향해 국왕환어國王還御의 사事를 담판하고 용
납되지 않을 경우에는 병력에 의해 그 목적을 달성하는 데 있
다고 한다. 《동경조일신문》 1896년 3월 31일자, 3월 17일 경성발)

또 3월 28일자 《동경조일신문》은 다음과 같은 내용의 기사
를 통해 연합의진의 서울 진공을 보도하고 있다.

> 지방에서 들리는 말에 의하면 춘천春川 약 6백여 명, 분원
> 分院 약 1,200여 명, 공주公州·청주淸州 6백여 명의 적이 있는
> 데, 이를 모아서 남한산의 적과 합해 정토征討의 친위병親衛兵
> 을 격파하고 기회를 보아 경성에 공격함을 목적으로 한다.
> 《동경조일신문》 1896년 3월 28일자,〈南漢山의 賊情〉)

위 《동경조일신문》의 기사를 종합하면, 연합의진의 서울진공
작전은 첫째, 경기도 일원의 의병진을 규합하여 수원을 점령하
는 것이 1단계였다. 둘째, 수원과 남한산성 연합의진이 정부군
을 타파하고 다시 충청·전라·경상도의 의병진과 연합하여 서
울로 진공하는 것이 2단계였다.

남한산성 연합의진의 서울진공작전 1단계는 수원을 점령하
는 것으로 시작되었다. 1896년 3월 31일자 《동경조일신문》은 경

기도 일원의 의병이 수원을 점령하였을 것이란 소문을 근거로
다음과 같은 기사를 보도하고 있다.

경기도 안성安城, 충청도 온양溫陽·장원長源·평택平澤·목
천木川 등에서 봉기했던 적도는 그 세勢를 오미장五味場에 집
중해 광주廣州, 곧 남한산南漢山의 적도와 기맥을 통해 상합相
合하여 장차 수원을 공격한다는 소문이 있다. 이보다 먼저 강
화도江華島의 지방병地方兵 2백여 명은 수원에 왔다가 그 방비
에 임하고 있으나 남한산성의 정토征討를 위해 동지에 파견됐
기 때문에 목하目下 수원은 공허하여 전혀 수비를 결缺해 위
태한 지경이다. 수일 전 수원은 이미 적수賊手에 함락됐다는
소문이 있다. 〈〈水原의 危急〉,《동경조일신문》 1896년 3월 31일자)

연합의진이 수원 점령과 동시에 추진한 계획은 2단계인 수
원과 연합의진이 정부군을 타파하고 다시 충청·전라·경상도의
의병진과 연합하여 서울로 진공하는 계획을 추진하는 것이었
다. 당시 일본군 수비대의 혼다本田 소위少尉가 3월 17일자로 일
본공사관에 보고한 〈광주지방廣州地方의 적정보고서賊情報告書
이첩移牒 건件〉에 따르면, 춘천의진의 의병 일부가 광주의진에
합류했다는 것이다.

〈광주지방의 적정보고서 이첩 건〉

춘천春川의 적 1,200명이 양근楊根까지 침범하였음. 오늘 오후 광진상류廣津上流(이곳에서 20리)에서 적 2백 명이 도강하여 광주廣州 적과 연합하려 함. 한국병사 2백 명이 그곳으로 출발하였는데 광주의 적은 동문으로부터 3백 명이 돌진해 와서 한국 병사를 협격하려 하므로 한국병사가 위험하여 대대장大隊長에게 원병援兵을 청함에 1개 소대를 파견하였다고 함. 그래서 동문의 적은 성 안으로 도망하였으므로 한국병사는 성 밖에서 불을 놓아 지금 교전 중에 있음.

《주한일본공사관기록》8, 1896년 3월 18일)

이와 같이 남한산성 연합의진은 경기도 일원의 의병진을 규합하여 서울진공작전을 계획하고 있었고, 정부군은 남한산성 부근에 병력을 집결시킴으로써 쌍방은 치열하게 대치하고 있었다. 그러나 서울진공작전은 1896년 2월 21일(양 4월 3일) 남한산성이 함락되고 연합의진이 패퇴함으로써 중단되고 말았다.

4. 남한산성 연합의진이 패퇴하다.

김하락은 2월 19일(양 4월 1일) 남한산성 연합의진과 정부군의 치열한 공방전이 이어지는 가운데 갑작스런 병으로 치료를 위

해 남한산성을 내려갔다. 따라서 그의 《정토일록》에는 연합의
진이 추진하고 있던 서울진공작전에 관한 기록은 없지만, 다만
2월 21일 남한산성전투와 패배 경위에 대해서 간략하지만 분명
하게 기록하고 있다. 이와 달리 김태원의 〈을병사략〉에서도 연
합의진의 패배 원인과 치열했던 전투 상황을 상세히 기록하고
있다.

○ 19일. 나는 갑작스러운 병으로 인하여 산을 내려가 조리
하였다. 21일에 이르러 산성이 함락되었다는 보고를 듣고,
기가 가슴에 차서 발을 구르며 호통치다가 부지중 땅에 쓰
러졌다. 대개 적병이 패하여 달아난 뒤로 정당政黨과 더불
어 모의하기를 "의병의 진영이 심히 강하여 쉽게 사로잡을
수 없은즉, 의병장과 잠통潛通하여 이해로써 꼬이는 것이
상책이다." 하고, 마침내 박준영에게 비밀히 기별하여 말하
기를, "만약 귀화할 것 같으면 너는 마땅히 광주유수廣州
留守를 삼을 것이고, 김귀성은 수원유수水原留守를 삼겠다.
불복한다면 전국의 병력을 몰고 가서 토벌하겠다."고 하였
다. 박·김 두 놈은 자기 이익에 급급하여 적과 더불어 상
통하게 되었을 것이다. 그리하여 지난 날 서울에 들어가 정
탐한다는 그 걸음은, 실상 아무 날 아무 시각에 문을 열어
놓겠다는 약속이었으며, 김적金賊의 도피는 박적朴賊이 들
어서 몰래 놓아 보낸 것이었다. 20일에 박적이 소를 잡고

술을 걸러 크게 포졸들을 먹였다. 이날 밤에 각문의 파수 장병이 모두 취해 넘어져 인사불성이 되었다. 박적은 군인 들이 깊은 잠에 들기를 노렸다.(《정토일록》, 1896년 1월 19일)

○ 21일. 새벽 3시경에 서·북 양문을 크게 열어 놓았는데도 한 진영의 장졸들도 전혀 몰랐었다. 5시가 다 되자 고함 소리가 크게 일어나므로 취해 잠자던 군졸들이 놀라 일 어나 보니 온 성중이 모두 적병이었다. 2천여 장졸은 비 로소 박적에게 속은 것을 깨닫고, 바로 박준영 3부자三父 子를 끌어내어 한꺼번에 총살하고 급히 성 밖으로 나가 니, 적병들이 도리어 호송해 주며 말하기를, "빨리 달아 나라. 일본 놈을 만나면 죽는다."고 하였다.

(《정토일록》, 1896년 1월 21일)

○ 하루는 장기렴張基濂이 비밀리에 박주영에게 글을 보내 기를, 만약 의병을 쳐부수고 우리에게 귀순한다면 광주군 수廣州郡守 자리를 주겠다 하고, 좌익장 김귀성에게도 그 런 내용의 글을 보내었다. 박주영이 그 말을 그럴 듯하게 여겨 병사들을 이끌고 달아나려던 차에 일이 발각되었다. 이에 박주영을 묶어서 심진원의 진영으로 보내어 목을 베게 하였다. 그러자 김귀성이 크게 겁을 먹고는 밤을 틈 타 성을 넘어 달아나니 성안이 온통 소란스러웠다. 내가 다시 군중軍衆을 정돈하니 군중이 말하기를, "군대에는 하루라도 대장이 없어서는 안 된다."고 하면서 다시 나를

장수로 추대하였다. 나는 사졸들을 배불리 먹이고는 성을 순시하였다. 이렇게 몇 달 동안 서로 대치하고 있는 사이에 적의 형세가 더욱 강성해졌지만 우리 병사들도 굳건하게 지키고 있었다. 김귀성이 장기렴을 만나서 의병의 허실虛實에 대하여 갖추어 말하고는 그가 온 뜻을 말하였으나 장기렴은 믿지 않았다. 김귀성이 삭발을 하면서까지 다짐을 하자 장기렴이 그제서야 믿고 계책을 세웠다.

(김태원, 〈을병사략〉,《집의당유고》)

위의 《정토일록》과 〈을병사략〉에 따르면, 남한산성 연합의진의 패배 원인은 대장 박주영과 중군장 김귀성의 배신이다. 중군장 김귀성은 2월 9일(양 3월 22일) 정탐하기 위하여 서울로 들어갔다가 관군에 체포되었고, 장기렴의 회유에 넘어갔다. 장기렴은 은밀히 박주영과 김귀성에게 기별하여 "만약 귀화한다면 너는 마땅히 광주유수를 삼을 것이고, 김귀성은 수원유수를 삼을 것이다. 불복한다면 전국의 병력으로 토벌하겠다."고 회유하였다. 2월 13일(양 3월 26일) 장기렴이 김귀성에게 보낸 편지를 중군장 구연영이 발견함으로써 김귀성은 곳간에 갇히게 되었는데, 2월 16일(양 3월 29일) 박주영은 김귀성을 도피시키고, 자신도 병사들을 이끌고 달아나려고 하다가 발각되어 처형되었다.

또 일제의 기록인 1896년 4월 5일자 《동경조일신문》은 남한산성 연합의진의 패배 원인을 식량 부족과 의병진 내부 분열로 파악하고 있지만. 그다지 설득력이 없어 보인다. 이 신문은 박주영의 배신행위를 여러 의병장들의 의견 분열로 파악하였다.

　　원래 동지同地의 적賊은 광주·이천·안성·양근陽根 등 제장諸將이 오합烏合된 것으로 제적장諸賊將의 의견이 합일되지 않았다. 그간에 해산설을 주창한 자가 많았으나 이천적장利川賊將 박주영朴周英은 홀로 그것에 반대하여 비해산설을 고집해 팔로八路의 의려義旅를 이곳에 집중해 초지를 관철해야 한다고 통렬히 항론했으나 제적장의 기탄忌憚하는 바가 있었다. 드디어 제적장에 의해 살해되고, 이에 병기兵氣가 현저히 저상沮喪되어 몰래 성을 버리고 탈주하는 자가 날로 상종해 22일 함락 당일에는 적의 남은 자가 종전의 반수 즉, 약 8백여 명에 지나지 않았다. 《동경조일신문》 1895년 4월 5일자, 3월 27일 경성발)

　결국 2월 21일(양 4월 3일) 남한산성이 정부군에 의해 함락되었다. 도망친 김귀성이 남한산성의 성벽에 파손된 곳을 정부군에게 알려 주었던 것이다. 당시 2월 21일 새벽 2시부터 22일까지 이어진 남한산성의 함락 과정을 위의 1896년 4월 5일자《동경조일신문》은 다음과 같이 보도하고 있다.

이에 앞서 정토군征討軍은 일인(金龜性; 필자 주)을 잡아 위의 사정을 살필 수 있었고, 이에 따라 공격 계획을 정해 정토군 중에서 강장자 5백여 명을 선발해 위의 포로에게 죄를 면하고 상을 주겠다고 유혹하여 그로 하여금 향도하게 하여 22일 오전 2시경에 산성의 서문에서 홀입忽入해 바로 산정山頂에 올라 성을 내려다보고 일제히 사격을 가하고 또 대성大聲하였더니 적은 예상보다 더 병기兵氣 저상沮喪해 있다가 위로부터 불의의 공격을 받자 낭패하여 급히 동문에서 양근방면陽根方面으로 궤주潰走해 4시 반경에는 험지무비險地無比의 남한산성은 정토군의 점거한 바가 되었다.

（《동경조일신문》 1895년 4월 5일자, 3월 27일 경성발）

이와 같이 남한산성 연합의진은 정부군의 공격으로 남한산성을 내어주고 말았다. 《정토일록》에서는 2월 21일, 《동경조일신문》에서는 2월 22일 남한산성이 함락된 것으로 파악하고 있다. 비록 병으로 요양 중이던 김하락은 이 전투에 참여하지 못했지만, 21일이 정확한 것으로 보인다. 아무튼 새벽 2~3시경 시작된 치열한 전투는 날이 밝을 때까지 전개되었다. 김태원은 〈을병사략〉에서 당시의 전투 상황을 다음과 같이 기록하고 있다.

처음에 성에 들어가 순시를 할 때에 못 북쪽 장대將臺 부근의 성가퀴가 파괴되어 있기에 잘 지키라고 주의를 주었었는데, 적은 그때까지 그 사실을 모르고 있었다. 김귀성이 우리를 배반하고 장기렴에게 들어간 뒤에 얼마간의 병사를 얻어 가지고 앞장서서 인도하여 성의 허물어진 곳을 통하여 우리 군대를 습격해 왔다. 적병이 일제히 그곳으로 올라와서 양 진영이 서로 공격하였는데, 칠흑같이 어두운 밤이어서 방향을 전혀 분간할 수 없었다. 3경부터 새벽까지 교전하는 불빛이 끊어지지 않아 시체가 쌓이고 피가 땅에 흥건하게 고였다. 우리 쪽에서 전사한 병사와 말이 5백 가량이었고, 적병은 3백여 명이 죽었다. 이에 포위를 뚫고 동쪽으로 나와 싸우면서 행군하였다. 처음 성을 나올 때에 따르는 병사가 4백여 명이던 것이 분원역粉院驛에 이르렀을 때는 겨우 80여 명이 남아 있을 뿐이었다. 고응선이 돌아보며 말하기를, "천시天時가 지형地形의 이로움만 못하고 지형의 이로움이 사람의 화합만 못하다고 하더니 정말 그렇구나." 하고는 갑자기 기침을 몇 번 하고 피를 토하며 기절하여 땅에 쓰러졌다. 주위에 있던 사람들이 부축해서 간호한 지 반 식경 만에 호흡이 비로소 통하였다.

《을병사략》

2월 21일 연합의진과 정부군의 남한산성전투에서 의병 5백여 명, 정부군 3백여 명이 전사하였다. 김태원이 거느린 병사 4백여 명이 분원역에 이르렀을 때 겨우 80여 명이 남았을 뿐이었다.

이리하여 남한산성 연합의진이 추진했던 을미의병기 최초의
서울진공작전은 무산되었고, 경기도 일원의 여러 의병진은 큰
타격을 입고 해산하기에 이르렀다.

IV. 이천의진의 영남지방 이동과 연합의진

1. 영남으로 이동하다.

1896년 2월 21일(양 4월 3일) 남한산성이 정부군에게 함락된 뒤, 패배한 연합의진은 뿔뿔이 흩어졌다. 2월 25일(양 4월 7일) 구연영·신용희·김태원이 흩어졌던 의천의진 병사들을 수습하여 김하락을 찾아와 대장으로 추대코자 하였다. 김하락은《정토일록》에서 전후 사정을 다음과 같이 기록하고 있다.

25일. 신용희·김태원·구연영이 흩어진 군사 6개 부대를 수습하여 내 처소에 와 울며 전일의 일을 고하면서, "사세가 이미 이 지경에 이르렀으니 다시는 무력을 쓸 만한 곳이 없게 되었으나, 이제 형편으로는 오직 빨리 의려義旅를 일으켜 죽음을 맹서하고 적을 토벌할 뿐입니다. 현재 대장의 재목으로는 선생이 아니고서는 감당할 만한 인물이 없으니 사양을 말아 주기 바랍니다." 하고, 곧 목인木印을 올리는 것이었다. 나는 자리를 피하여 사양하고 말하기를, "의병을 일으키는 일에는 비록 제공의 말씀이 아니라도 나는 의당 죽지 않으면 그만 두지 않을 것이나, 대장의 소임에 대해서는 결코 용누庸陋한 자의 감당할 바 아니다."라고 하자, 세 사람은 재삼 고청하였다. 이때 늙은 아내는 병석에 누워 있으므로 세 사람은 자진하여 부엌에 들어가 밥을 지었고, 이튿날 아침에도 또한 그리했다. 나는 그 정성에 감격하여 더불어 같이 일할 수 있다 생각하고 말하기를, "이곳은 인심이 흩어져서 계책을 세울 수 없게 되었고, 영남은 평소 추로지향鄒魯之鄕으로 인재의 부고富庫라 일컬으니, 함께 가서 의병을 모집하여 대사를 도모하는 것이 어떠한가." 하니, 세 사람은 모두 "명령대로 따르겠다." 하였다. 27일. 길을 떠나는데 군사는 겨우 9개 부대밖에 되지 않았다. 이날 여주驪州에서 유숙하였다. 《정토일록》, 1896년 2월 25일~27일)

김하락은 구연영·신용희·김태원 등의 간청에 따라 이천의진

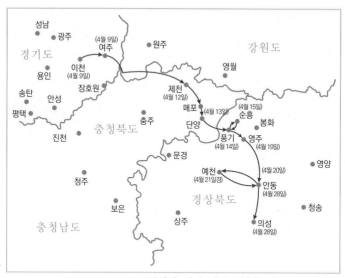

김하락 의진 이동도(이천→의성, 1894년 4월)

대장에 추대되었다. 그리고 그는 그의 연고지인 영남지방으로 이동하여 의병 활동을 재개하자는 제의를 하였다. 이때 영남지방으로 이동하게 된 이천의진의 남은 군사는 겨우 9개 연대, 1백여 명에 미치지 못하는 규모였다.

　김하락은 당시 상경 활동하고 있던 영남유생으로 경기도를 중심으로 서울진공작전을 계획한 바 있었기 때문에 영남지방에서 연합의진 결성의 중요성을 인식하고 있었다. 그가 이끄는 이천의진은 1896년 2월 27일(양 4월 9일) 이천을 출발하여 여주驪州

홍원창
남한강 상류, 경기·강원·충북 3도 접경지이다. 강원도 원주시 부론면 홍호리 972-2 소재.

(양 4월 9일)─홍원興原(양 4월 10일)─백운산白雲山(양 4월 11일)을
거쳐, 드디어 2월 30일(양 4월 12일) 제천에 도착하였다.

　김하락을 비롯하여 이천의진의 장졸들이 호좌의진湖左義陣
의 진영에 들어가자, 창의대장 의암毅庵 유인석柳麟錫을 비롯하
여 중군 안승우安承禹·선봉 홍대식洪大植 등이 반갑게 영접하
였고, 소 한 마리를 잡아 이천의진의 군사들에게 제공하였다.

　마침 호좌의진의 안승우가 장현獐峴에서 관군과 싸우게 되
자 김태원 휘하의 이천의진 군사들이 중간에서 관군을 공격하

호좌의진 사령부 아사봉
충청북도 제천시 중앙로2가 중앙공원 내 소재.

여 큰 전과를 올리기도 하였다. 이에 안승우는 김태원을 창의
장 유인석에게 추천하여 원주유수장[原州守城將]을 삼았다. 그
러나 그의 원래 계획은 동지들과 함께 영남지방으로 이동하여
활동하는 것이었으므로 이 제의를 거절하고 영남으로 향했다.

영남지방은 유림의 재지적 기반이 강한 지역이었다. 이미
1896년 1월초부터 안동을 비롯하여 그 관할 14개 군현 안동·
예안·영주·풍기·순흥·예천·문경·영양·봉화·영해·영덕·의
성·청송·진보의진 등이 창의하여 의병 활동을 하고 있었다. 뿐
만 아니라 경기도에서 창의한 지평의진砥平義陣의 군사軍師였
고, 유인석과 그 문인들이 결성한 제천의진堤川義陣의 소모장召
募將이었던 경암敬庵 서상렬徐相烈이 1월 18일(양 3월 1일) 영남
소모장嶺南召募將의 임무를 띠고 경북 북부지역으로 들어가 의
병 활동을 펼치고 있었다.

서상렬은 일찍이 지평의진의 군사軍師로 합세한 직후부터 영
남지방에 관심을 가지고 있었다. 영남지방은 유림들의 재지적
기반이 강고한 곳이었으므로 그는 영남 각처의 의병진과 연합
하여 활동하자는 생각을 가지고 있었다. 서상렬의 이러한 생각
은 제천의진. 즉 호좌의진 지도부의 호응을 얻었다. 이에 1896
년 1월 5일(양 2월 17일) 충주성을 함락한 호좌의진이 1월 18일
(양 3월 1일) 서상렬을 영남소모장으로 임명하여 영남지방으로
파견하였던 것이다.

1월 19일 경북 북부지역으로 들어온 서상렬은 예천을 중심
으로 각처를 전전하며 창의를 독려하는 한편. 의병진의 연합을
모색하였다. 드디어 2월 10일(양 3월 23일) 서상렬은 호좌의진을
비롯하여 안동·풍기·순흥·영주·봉화·예안 등 7읍 의병진을
통합한 연합의진을 결성하였다. 이른바 '예천회맹醴泉會盟'이다.

'예천회맹'은 2월 16일(양 3월 29일) 일본군 병참부대가 주둔하
고 있던 함창 태봉을 공격하였으나 패퇴하고 말았다. 태봉전투
에서 패한 뒤 서상렬은 경북 북부지역을 전전하며 재기를 모색
하였다.

2. 조성학, 이천의진에 합류하다.

호좌의진의 서상렬이 태봉전투 이후 경북 북부지역을 전전

예천회맹이 격전을 벌인 함창 태봉

하며 재기를 모색하고 있을 때, 김하락은 경북 북부지방으로 들어갔다. 호좌의진이 주둔하고 있던 제천을 떠난 김하락은 3월 1일(양 4월 13일) 단양丹陽을 거쳐 3월 2일(양 4월 14일) 풍기豊基로 들어갔다. 이천수창의소가 이현전투에서 패한 뒤, 풍기로 내려갔던 이종제 조성학이 풍기군 동면東面 산법동山法洞 차계남車啓南의 집에 머물고 있었기 때문이다.

3월 3일(양 4월 15일) 이천의진은 산법동 차계남의 집에서 점심을 먹고 순흥順興으로 들어가 유진留陣하였다. 이때 그는 순흥군順興郡 백운동白雲洞에 살고 있던 이모님을 찾아뵙고 조성학에게 의병진에 합류하여 함께 활동하자는 요청을 했다. 《정토일록》은 이때의 상황을 다음과 같이 상세히 기록하고 있다.

초3일. 행군하여 동면 산법동 차계남의 집에 당도하여 점심을 먹고, 저물녘에 순흥부順興府에 들어가 머물렀다. 원래 조성학의 집이 동군 백운동에 있으므로 (3월 4일) 나는 가서 이모님을 뵙고 나서 성학을 불러 다시 일어날 것을 권유하였다. 성학은 말하기를 "군사가 백 명도 못 되는데 어떻게 적을 없앨 수 있는가. 발동하지 않는 것만 같지 못하다."고 하였다. 나는 말하기를 "옛날에 단지 주먹 하나로 적에게 덤벼든 자도 있으니, 남의 신하되어 이러한 어지러운 시기를 당하여, 오직 군사가 미약하고 형세가 궁하다 해서 소매 속에 손을 넣고 방관만 하면 되겠는가." 하였다. 이모님도 성학을 불러 부탁하되 "의로써 국가에 보답하면 죽어도 무슨 한이 있으랴. 너는 내 걱정일랑 말고 네 이종형의 말을 듣도록 하라." 하였다. 그래서 성학은 마침내 명령을 받고 빠져 나와 진중에서 이틀을 머물렀다.   (《정토일록》, 1896년 3월 3일)

조성학은 경북 의성군 금성면 청로동 출신으로 김하락의 이종 동생이다. 젊은 시절 대구 팔공산 부근의 신녕新寧 동지곡同知谷에 거주하는 박 선생朴先生을 스승으로 모시고 공부하였

이천의진 주둔지
경상북도 영주시 풍기면 산법동 소재.

다. 한때 김하락이 조성학의 향리인 청로동에서 서당을 열었는
데, 이때부터 동지적 관계를 맺은 것으로 보인다.

조성학은 김하락과 함께 상경하여 활동하다가 같이 이천수
창의소에 참여하여 제군문도총諸軍門都摠에 임명되었고, 백현전
투와 이현전투에 참여하여 일본군 수비대와 싸웠다. 이현전투
에서 이천수창의소가 크게 패하자 그는 부모가 살고 있던 경북
풍기로 귀향하여 머물고 있었다.

마침 조성학은 귀향 후 대구 팔공산八公山의 스승을 찾아 독

백운동 원경
경상북도 영주시 순흥면 태장리 일원, 소수서원, 선비촌.

서하고, 1896년 3월 4일(양 4월 16일)에는 다시 풍기로 돌아와 머물고 있던 중이었다. 이미 김하락이 거느린 이천의진이 하루 전인 3월 3일 풍기에 도착하여 다음 날 조성학을 찾아왔고, 그 다음 날에도 중군장 구연영, 선봉장 김태원, 좌익장 신용희, 우익장 김경성, 종사 안옥희·안재학安載學 등이 김하락을 수행하여 함께 의병에 참여하기를 청했다.

조성학은 늙으신 부모님을 염려하며 의병 참여를 지체하였다. 그때 그는 "부모를 섬기는 것도 중요하나, 적을 토벌하여 국가에 조금이라도 보답토록 하라."는 어머니의 간곡한 권유를 받고 의병에 참여하기로 하였다. 조성학은 그의 《정토일록》에 그 때의 상황을 다음과 같이 기록하고 있다.

장차 해가 질 무렵에 이종형이 웃으며 말에서 내려 들어오며 말하기를, "자네의 출진을 이모님께 승낙을 받았으니 다시 다른 말을 말라."고 하면서 제군도총장諸軍都總將을 삼았다. 내가 묵묵히 집으로 돌아온즉, 어머니께서 분부하시기를 "너는 사람의 아들로 태어났으니 부모를 섬기는 것도 중요하다. 그렇지만 나라의 원수가 이다지도 설쳐대니 부모 섬기는 것으로 사양하고 피하는 것은 옳지 않다. 너는 즉시 이종형과 함께 가서 적을 토벌하여 국가에 조금이라도 보답토록 하여라." 라고 하셨다. 　　　　　　　　　　　　　　(《정토일록》, 1896년 3월)

조성학은 김하락과 젊은 시절 함께 공부하며 뜻을 키웠고, 이종사촌이라는 혈연관계로 맺어진 동지였다. 특히 조성학의 학문 정도나 군사적인 지략과 인품을 익히 알고 있던 김하락이 적극적으로 의병 참여를 요청하였다. 더욱이 이천수창의소에서 함께 활동했던 중군장 구연영, 선봉장 김태원, 좌익장 신용희, 우익장 김경성, 종사 안옥희·안재학 등 장령들의 간청도 있었다. 이리하여 조성학은 이천의진의 제군도총장諸軍都總將으로 다시 의병 항전의 장도에 오르게 되었다.

3. 경북 북부지역에서 연합의진을 추진하다.

1896년 3월 7일(양 4월 19일) 김하락은 풍기를 떠나 영천榮川, 현 영주 창보역昌保驛에서 유숙하고, 3월 8일 안동安東 유동역幽洞驛에서 유숙하였다. 3월 9일 김하락은 유동에서 민가의 곡식 30석을 빌어 가난하고 의지할 데 없는 백성 30여 호에 구호미救護米로 주었다. 조성학의 《정토일록》에서는 이러한 구호 활동을 더 구체적으로 기록하고 있는데, 이러한 구호 활동을 의병들은 대민 활동의 하나로 생각하고 있었다.

> 초8일 이른 아침에 행군하여 안동 유동역柳洞驛(幽洞驛－필
> 자 주)에서 숙박하였다. 초9일 아침에 이 동네 사람 요호饒戶
> 김씨金氏와 전씨全氏 두 민가의 곡식 30석을 대출하였다. 그
> 때는 춘궁기라 부자는 괜찮으나 무고하고 외로운 가난한 백성
> 들은 장래의 살아갈 계책이 없었다. 동네 두민頭民을 불러 빈
> 호貧戶 30여 호를 초출抄出하여 사람마다 정조正租 4두씩 분
> 급하니 가난한 백성들은 모두 기뻐하며 춤을 추고 덕을 칭송
> 하였다.   (《정토일록》, 1896년 3월 8일)

이날 3월 9일 경북 북부지방을 전전하며 재기를 모색하고 있던 호서의진의 소모장 서상렬이 전군前軍 김한성金漢星을 보내

어 합세하기를 청하였다. 조성학의 《정토일록》을 보면, 그는 세 가지 계책을 제시하며 서상렬이 제의한 연합의진의 결성에 반대하고 있다.

호좌의진 소토장 서상렬徐相烈이 전군 김한성金漢星을 보내 합세를 청하였다. 이종형이 장차 나에게 묻기를, "서 소토장이 이렇게 간절히 청하니 어찌하는 것이 좋겠는가?" 나는 즉시 상중하上中下 3가지의 계책으로 판별하여 답하기를, "우리 의군이 영천榮川으로 바로 달려가서 안동安東을 지나 청송青松으로 달려 나아가 현남縣南에서 경주慶州 죽장竹長으로 넘어가 한편으로는 소모召募를 벌이고, 한편으로는 수대數隊의 군사를 보내 본부本府에 들어가 부윤府尹에게 청하여 소모召募해 줄 것을 요청하면 열흘이 지나지 않아서 우리 군대의 세력이 크게 떨칠 것이니 이것이 최상의 계책이 될 것입니다. 서 소토장과 합세하여 영남 일대의 각 고을 의병진을 초치하여 같이 힘을 모아 바로 달성達城으로 향하면 영남 전도에서 의병진이 크게 일어날 것이니 이것이 그 다음의 계책이 될 것입니다. 홀로 외로운 군대를 거느리고 임의任意로 행진하면 좌우의 보익輔翼이 없을 것이니 이는 최하의 계책이 될 것입니다. 이 3가지 계책 중에 어느 것을 택할 것입니까?"하니 대장이 말하기를, "내가 스스로 결정할 것이니 그대는 다른 말을 하지 말라."고 하였다.　　　　　　（《정토일록》, 1896년 3월 9일）

이천의진의 제군도총장 조성학은 첫째 경주로 이동하여 경주 부윤에게 소모를 요청하면 열흘 안에 강군이 될 것이니 최상의 계책이고, 둘째 서상렬과 합세하여 영남 일대의 의병진과 연합하여 대구를 공격하는 것이 그 다음 계책이고, 셋째 홀로 군대를 거느리고 활동하는 것은 최하의 계책이라는 의견을 제시하였다. 김하락은 둘째 계책을 취하기로 하였다. 그의 《정토일록》에서는 이 문제에 대한 자신의 생각을 다음과 같이 피력하였다.

> 나는 말하기를, "그대의 소견은 매우 이치에 합당하다. 그러나 오늘의 급무는 오직 단결에 있는데 호진湖陣에서 이미 합세하기를 청하였으니 중계를 취택하는 것이 옳다." 하였다.
>
> 《정토일록》, 1896년 3월 8일)

김하락은 서상렬이 제의한 연합의진 결성에 찬성하고, 3월 10일(양 4월 22일) 이천의진은 유동역幽洞驛을 떠나 예천 감천甘泉을 거쳐 예천읍醴泉邑으로 들어갔다.

이천의진은 호좌의진의 진영으로 들어가 서상렬과 예천의진 대장 박주상朴周庠의 영접을 받았다. 그리고 서상렬은 연합의진의 상주 공격을 논의하였다. 당시 안동관찰사 이남규李南珪가 상주에서 군사를 훈련시키고 있었기 때문이다. 조성학은 《정토일록》에서 상주 공격에 대해 다음과 같이 기록하고 있다.

서 소모장이 나를 초청하여 묻기를, "지금 안동관찰사 이남 규李南珪가 상주尙州에서 병사를 양성하고 있는데, 군용이 심히 엄숙하다고 하니 이것을 정벌함이 어떻겠습니까?"하였다. 내가 답하여 말하기를, "아니, 그렇지 않다. 지금 만약 상주성으로 간다면 함창咸昌으로 들어갈 터이니 만약 의병이 상주에 도착하면 함창 태봉胎峯의 왜군이 그 귀로를 차단하고 상주에 주둔하고 있는 경병京兵이 그 전면을 공격할 것 같으면 이것은 앞과 뒤로 적의 공격을 받게 되는 것이니 병가兵家에서 가장 기피하는 것이므로 신중히 판단하여 가벼이 행동하지 말아야 한다."고 하였다. 서 소토장 역시 그렇다고 하였다.

(《征討日錄》, 1896년 3월 10일)

조성학은 연합의진의 상주 공격에 반대하였다. 왜냐하면 예천에서 상주성尙州城을 공격하려면 함창 태봉胎峯을 거쳐야 하는데, 태봉의 일본군이 귀로를 차단하고 상주의 경병이 전면을 공격할 것 같으면 앞뒤로 적의 공격을 받는 것이기 때문이다. 서상렬도 이것을 인정하였다.

4. 호좌의진과 결별하다.

3월 11일(양 4월 23일) 호좌의진은 이천의진의 병사들을 위해

예천읍 내성천 지류 한천 전경
1896년 3월 7읍 연합의병이 예천회맹을 했던 곳이다.

소 두 마리를 잡았다. 그러나 고기 배급에 문제가 생겼다. 김
하락의 《정토일록》과 조성학의 《정토일록》에는 모두 그 상황을
다음과 같이 기록하고 있다.

11일. 서 장군이 본진에 영을 내려 우리 군사를 먹이고자
소 두 마리를 잡았다. 그러나 밥상을 내오는데 오직 풋나물뿐
이었다. 대개 그 부하들이 사사로이 빼앗아 먹어 버린 까닭이
다. 우리 군사들은 모두 분개하여 내게 와 고하였다. 나는 말
하기를, "음식에 탐내는 사람은 남에게 천대를 받는 법이다.

그러나 저 군사의 규율이 없는 것을 이로써 알 수 있으니, 저
것들과 더불어 어찌 돈독히 일을 할 수 있겠는가." 하고, 즉시
행군하여 도리현桃李峴에 당도하니, 김한성이 본진 군관을 이
끌고 급히 와 사과하며 회군하기를 청하는 것이었다. 나는 응
하지 않고 행군을 재촉하여 안동 풍산豐山 주막에 당도하니,
해가 이미 저물었기에 장터에 진을 치고 머물렀다.

(김하락,《정토일록》, 1896년 3월 11일)

11일 서 소토장이 본진과 상의하여 장차 우리 군사를 향궤
餉饋한다고 소 두 마리를 잡았다고 하여 우리 군사들은 고대
하고 있었다. 장차 오후가 지나 고기는 한 점도 없이 저들이
남김없이 먹어버렸다. 우리 군사들이 이를 대장에게 알렸다.
대장과 여러 장관들은 모두 분노하여 나에게 떠나기를 청하
였다. 나는 말하기를, "음식을 밝히는 인간은 사람들이 천하게
여긴다."고 하면서 조금만 기다려 보자고 하였다. 대장이 급히
행군을 재촉하므로 할수없이 행군하였다.

(조성학,《정토일록》, 1896년 3월 11일)

참으로 어이없는 일이 벌어지고 말았다. 음식을 두고 벌어진
두 진영의 갈등은 연합의진의 기회를 허물고 말았다. 이천의진
은 호좌의진을 떠나 도리현桃李峴에서 점심을 먹었다. 이때 호
좌의진의 전군 김한성金漢星과 본진의 군관이 급히 와서 사과

풍산장터 이천의진 주둔지
경상북도 안동시 풍산읍 소재.

하며 회진하기를 청하였으나 이천의진은 풍산역으로 이동하여 유숙하였다.

저녁 무렵에 호좌의진에서 좌군 몇 개 대가 사발통문을 가지고 왔다. 내용은 봉정사鳳停寺에서 모시기를 청하는 것이었다. 이때 안동 봉정사에서 회합하자는 호좌의진의 통문이 왔고, 이튿날 13일에도 안동의진에서 유격장 이석조李錫祚가 와서 합세를 요청하였다.

3월 14일(양 4월 26일) 각처 의병진이 봉정사에 모여 합진을 의

봉정사 원경
경상북도 안동시 서후면 천등산 소재.

논하였고, 15일에도 각처 의병진이 합진을 의논하였다. 더욱이 안동의진은 태봉전투 이후 안동 시가지가 모두 불탄 상황에서 그 본부를 금소역琴韶驛으로 옮겨 주둔하고 있는 상황이었다.

경북 북부지역에서 각처 의병진의 연합은 절실했다. 7읍 연합의진의 함창 태봉전투胎峯戰鬪 참패 이후 일본군의 화력을 경험했던 의병들은 일본군과 전투 경험을 가지고 있던 이천의진의 합세가 더욱 절실했을 것이다.

5. 제군도총장 조성학을 남쪽으로 보내다.

이천의진이 호좌의진의 서상렬을 비롯하여 각처 의병진과 함께 연합의진 결성에 대해 논란을 거듭하고 있을 때, 제군도 총장 조성학이 스승을 방문하기 위하여 대구 팔공산으로 떠났다. 7읍 연합의진의 태봉전투 이후 2월 20일(양 4월 2일) 안동읍이 전소되었고, 같은 날 의성의진의 구봉산전투 이후 의성읍이 전소되어 분위기가 시끄럽고 어수선해진 상황에서 길을 떠난 것이다. 이천의진의 지도부는 영남지방의 남쪽 여러 고을의 상황을 직접 확인할 필요가 있었을 것이다.

1896년 3월 16일(양 4월 28일) 안동읍의 영호루를 떠난 조성학은 석현점石峴店 ― 구암점龜巖店 ― 귀미龜尾 ― 의성 철파점鐵坡店 ― 의성 문흥文興 ― 의성 화전촌花田村 ― 의성 청로역靑路驛 ― 군위 우곡점牛谷店 등을 거쳐 3월 20일 신녕新寧 동지곡同知谷에 도착하였다. 팔공산 자락에 있는 신녕 동지곡에는 그의 스승인 박 선생이 살고 있었다.

조성학은 이틀을 우곡점에 머물고 3월 22일 출발하여 청로점靑路店―3월 23일 화전촌花田村―3월 24일 철파참鐵坡站 등지를 거쳐 의성읍에 도착하였는데 이때 이천의진은 의성읍에 옮겨와 있었다.

조성학은 이 8일간의 여행에서 옛 향리를 두루 돌아보았고,

의성 문흥에서는 이성천李聖天, 의성 화전촌에서는 김하락의 중제 김응락金應洛, 그리고 신령 동지곡에서는 스승 박 선생을 만났다.

3월 18일(양 4월 30일) 조성학은 의성 문흥에서 이성천을 만났다. 문흥촌은 의성읍에 가까운 마을로 김하락을 비롯한 그 형제들이 살았던 곳이다. 조성학은 《정토일록》에서 이성천은 "성수星數에 밝고, 문장文章을 잘하여 자못 여러 고을에 명성이 있었다."고 하였는데, 이성천은 조성학에게 다음과 같이 조언하였다.

> 내가 시사時事를 물은즉 답하여 말하기를, "태백성太白星을 볼 수 없으니 먼저 군사를 쓰는 자가 패배할 것이다. 조심하여 적과 더불어 교전하지 말고, 바로 경주慶州를 향해 가면서 한편으로는 소모召募를 하고, 한편으로는 성첩城堞을 수축하고 도랑을 깊이 파고, 진지를 높이 쌓고, 성벽을 견고히 하여 굳게 지킬 것 같으면, 석 달이 지나지 않아 적은 모두 돌아가거나 항복할 것이다."고 하였다.　　　　(《정토일록》, 1896년 3월 18일)

이성천의 조언은 조성학이 예천으로 이동하여 대장 김하락에게 제시한 세 가지 계책 가운데 첫 번째 경주로 이동하여 세력을 키우자는 계책과 합치되는 것이었다. 조성학이 구상하였던 전략에 확신을 주는 조언이었다.

3월 20일(양 5월 2일) 조성학은 신령 동지곡에서 스승 박 선생을 만났다. 그가 어떤 인물인지를 알려주는 기록은 없지만, 조성학의 《정토일록》을 보면 박 선생은 다음과 같이 조언하고 있다.

> 선생이 크게 꾸짖으며 말하기를, "다가올 앞날이 어떨지 알지 못하고 가벼이 스스로 의진에 발을 들여 놓았는가? 우리나라 각 의병진의 의려義旅는 일을 돈독히 하지 않고 서로 비난하고 주도권을 다투니 이는 의려의 본의가 아니다. 하물며 천운天運이 있을진대 어찌 갑자기 일을 이룰 수 있겠는가? 그대는 신중히 생각하여 다시 나아가지 말고 경서經書를 품고 산으로 들어가는 것이 좋을 것이다."고 하였다. 나는 고백하기를, "대장이 다른 사람 아닌 나의 이종姨從입니다. 천 리를 찾아왔는데 어찌 소홀히 버려둘 수 있겠습니까." 하니, "그럴 것 같으면 6월 전에 이곳에서 만나도록 기약하는 것이 어떠한가." 누누이 근신謹身하도록 가르침을 주었다. 나는 응낙하고 하루를 머물렀다.　　　　　　　　　　　　　　(《정토일록》, 1896년 3월 20일)

박 선생은 각처 의병진의 문제점과 이천의진이 남쪽으로 의병진을 옮겨올 것을 암묵적으로 피력하고 있다. 이성천과 스승 박 선생을 만난 조성학은 이천의진이 장차 남쪽으로 진영을 이동하여 세력을 키우고, 나아가 투쟁력을 강화해야 할 것이라는 확신을 가지게 된 것으로 보인다. 조성학은 동지곡을 떠나 안동을 향했다.

6. 선봉장 김태원이 떠나다.

1896년 3월 16일(양 4월 28일) 제군도총장 조성학이 스승을 방문하기 위하여 대구 팔공산으로 떠난 뒤, 김하락은 연합의진의 힘을 합쳐 경상감영이 있는 대구부를 공략하자는 제안을 했다. 그러나 호좌의진의 서상렬은 병력이 부족하다는 이유로 이 제안을 거부하였다. 마침내 김하락은 연합의진과 결별하기로 하였다.

3월 24일(양 5월 6일)경, 이천의진은 안동을 떠나 의성으로 진영을 옮겼다. 이천의진이 의성읍에 도착하였을 때, 의성읍은 이미 대구에서 출동한 관군에 의해 불타버리고 주민들은 머무를 곳조차 없는 상태였다.

1896년 2월 12일(양 3월 25일) 창의한 의성의진은 8일 만인 2월 20일(양 4월 2일) 의성읍 구봉산九峰山에서 대구에서 출동한 관군과 첫 전투를 치렀다. 이른바 '구봉산전투九峰山戰鬪'이다. 이 전투에서 의성의진은 상당한 전과를 거두어 관군의 북상을 견제하였지만, 결국 의성의진은 의성읍을 포기하였고, 관군의 보복으로 의성읍이 불타버린 상태였다. 이때의 상황을 청송의진의 진중일지인 《적원일기赤猿日記》와 조성학의 《정토일록》에

의성읍으로 진입하는 서쪽의 구봉산

서는 다음과 같이 기록하고 있다.

　2월 25일 척후 장달식蔣達植이 의성으로부터 와 말하기를,
"의성읍은 공해公廨와 사막私幕이 모두 불에 타서 8백여 호
중 남은 것은 단지 1백여 호에 불과하고 적병은 즉시 돌아갔
고, 대장도 사촌沙村 본댁으로 옮겨갔다."고 하였다.

《적원일기》, 1896년 2월 25일)

　3월 24일 이종형姨從兄 응락應洛과 함께 출발하여 30리 되는 철파참鐵坡站에 도달한즉, 도로에서 전하는 말이 "이천의 병이 안동에서 의성 본진本陣을 와서 만나려고 한다." 그래서 나는 탄식하며 말하기를, "이미 서상렬과 분진分陣했는가?" 묻고, 즉시 전참前站으로 가 보니, 과연 한곡汗谷에서 만났다. 그리하여 행진하여 의성읍에 도착하니, 본읍本邑이 대구 병정에게 불타고 주민들은 머무를 집이 없어 공해公廨를 가득 메우고 있었다. 즉시 인리청人吏廳에 거처를 정하고 본 현의 수리首吏와 수교首校에게 분부하여 각 도로와 요충지를 파수토록 하였다.   (《정토일록》, 1896년 3월 24일)

이런 상황에서 이천의진의 기총旗摠 고기준高箕俊이 민가의 여자를 간음하고 재물을 강탈하는 사건이 발생하였다.

조성학은 스승을 방문하기 위해 팔공산으로 떠났다가 3월 24일(양 5월 6일) 의성읍에 돌아와 보니 이천의진이 서상렬과 결별하고 의성읍에 주둔하고 있다는 것과, 고기준의 패악에 대한 이야기를 들었다. 조성학은 《정토일록》에서 고기준과 그의 행적을 다음과 같이 기록하고 있다.

이날 밤 군관 고기준이 본점本店 주파酒婆를 간음하려다가 이루지 못했다는 소문이 났다고 해서 화포火砲에 명하여 현의 옥에 수감하였다. 원래 고기준은 행상을 하는 사람으로 중간

에 따르고자 한 자이다. 지난 날 봉정사 회동 때 유리안경琉
璃眼鏡과 등토수藤吐手 1건을 훔친 일로 역시 추심하여 주인
에게 돌려주는 것으로 은혜를 베풀었다. 지금 또 이와 같이
불량하니 이러한 불량하고 잡된 무리는 진중에 두는 것은 옳
지 않다. 　　　　　　　　　　　　　《정토일록》, 1896년 3월 24일)

이천의진의 대장 김하락과 도총장 조성학은 3월 25일 이른
아침에 폐문루閉門樓 앞에 군문을 설치하고 고기준을 총살하
였다. 그리고 군중에 영을 내려 "이후 만약 추호라도 민간을 범
하는 자는 이 법률에 의하여 처단한다."고 공포하였다. 그리고
선봉장 김태원에게 염포殮布를 수습하여 고을 남쪽에 묘를 쓰
도록 하였다.

　이 사건 뒤에 선봉장 김태원이 이천의진을 떠난 것으로 보인
다. 김태원은 〈을병사략〉에서 4월부터 서상렬의진에서 활동하
고 있는 것으로 기록하고 있다.

　4월에 내가 단양에서 죽령을 넘어 예천읍에 이르자 소토장
이 병사들을 거느리고 친히 맞아주었다. 아주 너그럽고 두텁
게 대해주고 자상하게 깨우쳐 주었는데, 의리를 끌어대는 것
이 매우 정밀하고 절실하였으므로 그 말에 감동하고 그 마음
을 인정하여 군사를 합치고 세력을 합하였다.　　〈을병사략〉)

위의 기록을 가지고 김태원이 예천에서 이천의진을 떠난 것으로 보고 있으나, 조성학의 《정토일록》에서는 김태원이 의성에서도 이천의진으로 활동하고 있는 것으로 기록되고 있다.

7. 의흥읍을 공략하여 군수품을 획득하다.

안동을 떠난 이천의진이 의성읍에 도착하였을 때, 의성읍은 이미 대구에서 출동한 관군에 의해 불타버리고 주민들은 머무를 곳조차 없는 상태였다. 처음 인리청人吏廳에 잠시 머물렀던 이천의진은 3월 25일(양 5월 7일) 의성읍을 떠나 금성산金城山의 수정사水淨寺로 진영을 옮겼다가, 3월 27일에는 금성면 청로동靑路洞에 들어갔다. 그리고 그곳 출신 김택용金宅溶을 영입하여 후군장後軍將에 임명하였다.

그날 밤 김하락은 군위軍威를 공략할 계획을 세웠다. 군위에 주둔하고 있던 경병을 공격하여 군위읍을 점령하고 군수품을 확보하기 위해서였다. 이때 조성학은 이천의진이 60명도 못되는 군사로 대구에서 파견된 3백 명의 경병을 공격하는 것에 대해 강력하게 반대하였다. 조성학은 《정토일록》에서 다음과 같이 주장하였다.

대장이 군중에 명을 내려 말하기를, "경군 3백 명이 군위

軍威에 진을 치고 있는데, 밤을 타서 성채를 빼앗고 군수품을 수확할 것이다."고 하였다. 나는 크게 놀라서 "이 무슨 분부입니까? 우리 군사는 60명이 못 되는데, 저들 병사의 수는 3백 명에 이르니 많고 적음이 현저히 다르고 기계器械도 같지 않습니다. 고립된 군사로써 습격하는 일은 마음이 맞지 않으면 굶주린 호랑이에게 고기를 던져 주는 것과 같습니다. 원컨대 장군은 깊이 생각하십시오."라고 말하였다. 대장이 말씀하기를 "장수는 많은 군사에 있지 않고 여하히 쓰는가에 있다." 나는 누차 간청했지만, 끝내 소득이 없자 나는 탄식하며 말하기를 "선비는 등용되었다가 의견이 쓰이지 않고 행동이 합치되지 않으면 신발을 신고 떠날 뿐, 다시 무엇을 바라리오."라고 하면서 칼을 던지고 일어섰다.　《정토일록》, 1896년 3월 27일)

조성학은 군위 공격을 반대하면서 대신 의흥義興을 공략하자는 권유를 하였다. 《정토일록》에서는 의흥 공략과 앞으로의 계획을 다음과 같이 기록하고 있었다.

대장이 말하기를, "그대의 계책은 무엇인가." 내가 답하기를, "이미 상·중 두 계책은 실패했고, 그 다음 겨우 한 가닥 할 수 있는 길이 있습니다. 여기서 의흥읍을 가자면 20리인데, 우리 군중에는 화약과 탄약이 모두 없으니 만약 뜻밖에 일이 일어날 것 같으면 반드시 패할 것입니다. 이에 마땅히 저녁을 재촉

의성군 금성면 청로동 전경
북쪽으로 금성산과 비봉산이 보인다.

하여 먹고 은밀히 군사를 보내 의흥의 관청 창고에 있는 화약
과 탄환을 탈취한 후 경주의 기계杞溪와 죽장竹長 양면으로
갈 것 같으면 10일 이내에 가히 3백 명의 군사를 얻을 수 있을
것이니 이 계책이 어떻습니까?"　（《정토일록》, 1896년 3월 27일）

　　김하락은 조성학의 의견에 따라 의흥을 공략하기로 하였다.
3월 27일(양 5월 9일) 밤 이천의진은 의흥을 점령하고 무기와 군
수품을 확보하였는데, 김하락은 《정토일록》에서 그 상황을 다
음과 같이 기록하고 있다.

의흥관아 터

　나는 즉시 응락하고, 저녁밥을 재촉하여 군사를 먹인 후,
의흥으로 향하면서 군중에 영을 내려 "절대 떠들지 말라." 하
고, 입에 재갈을 물리고 빨리 달려 의흥읍으로 들어가니, 읍내
사람이 전혀 몰랐다. 곧장 동헌으로 들어가니 본군 군수는
도망해 달아났다. 조성학에게 영을 내려 원풍루顧豊樓에 올
라, 군중에게 "놀라지 말고 안심하라."는 뜻으로 타이르게 하
고, 곧 무기와 화약을 대여섯 짐가량 가지고 인리청으로 진을
돌리는데, 배후에서 갑자기 포 소리가 나므로 군중으로 하여
금 호응케 하였는데, 조금 뒤에는 조용해져 아무 소리도 들리

지 않았다. 본읍 이속吏屬들이 민병 수백 명을 거느리고 엄습해 오려 하다가 중지하고 모두 흩어졌던 것이다.

《정토일록》, 1896년 3월 27일)

이천의진은 군수품을 확보하여 의흥읍을 빠져나와 고리곡古里谷을 거쳐 용애龍崖의 압곡사鴨谷寺에 유진하였다. 3월 28일(양 5월 10일)이었다.

8. 의성의진, 황산전투에서 패하다.

3월 28일(양 5월 10일) 압곡사에 주둔하고 있던 이천의진은 도총장 조성학의 의견에 따라 다시 금성산 수정사로 진영을 옮겼다. 3월 29일 아침, 이천의진은 의성의진이 패했다는 소식을 들은지 얼마 지나지 않아 28일 황산전투에서 패한 의성의진의 병사 1백여 명이 이천의진을 찾아왔다.

1896년 2월 12일(양 3월 25일) 창의하였던 의성의진은 2월 20일(양 4월 2일) 구봉산전투 이후 남은 군대를 수습하고 전열을 재정비하였다. 그러면서 장흥長興을 비롯하여 여러 곳으로 옮겨 다니다가 2월 29일(양 4월 11일) 황산黃山, 현 의성군 옥산면 입암3리에 들어가 진을 쳤다. 그 사이 2월 27일(양 4월 9일) 김상종은 의성읍에 먼저 들어가 사람들을 위로하였다. 다시 3월 4일

압곡사
경상북도 군위군 고로면 선암산 내 소재.

(양 4월 16일) 대구에서 관군이 들이닥친다는 소문을 듣고 안동 길안면吉安面에 있는 용담사龍潭寺로 진을 옮겼다가 3월 9일(양 4월 21일) 다시 황산으로 돌아와서 주둔하였다.

3월 28일(양 5월 10일) 의성의진은 관군이 대거 몰려온다는 첩보를 듣자 지형적으로 유리한 고무실[鈷銕谷]로 진영을 옮기기 위해 선발대를 파견하는 한편, 관군이 오기만을 기다렸다.

이때의 상황을 《적원일기》에는 다음과 같이 기록하고 있다.

3월 28일 의성의 급한 소식을 듣고 척후 민인호閔仁鎬와 조규趙奎를 보내 내막을 탐지토록 하였다. 저녁 후에 척후가 와

황산마을
경상북도 의성군 옥산면 입암3리.

서 보고하기를, "대구 병정 50명과 군위 병정 1백 명이 돌연히 의성읍에 들어 와서 황산유진소黃山留陣所로 향하였으며, 의성 본진은 흐트러지면서 어느 곳에 있는지 모른다."고 하였다. 초저녁에 바람이 일어나고 가는 비는 스산하게 뿌렸다.

(청송의진, 《적원일기》, 1896년 3월 28일)

이처럼 대구와 군위의 관군이 의성읍을 거쳐 황산으로 들어오고 있을 때, 뜻하지 않게 큰비가 밤부터 내리기 시작하여 이틀날까지 계속 퍼부었다. 잠깐 사이에 총구멍에 물이 흘러들어 화약은 진흙이 되었고 의장衣裝은 젖어 못쓰게 되었다. 이러한 상태에서 관군이 엄습하여 빗속에서 시작된 격전은 비가 그친 다음에야 끝났다.

3월 29일 황산전투에서 의성의진은 참패를 당했다. 의성의진의 권휘연權徽淵·서상부徐相孚·김수염金壽聃·김수협金壽莢 등 모두 27명이 전사하였다. 그 참상을 김회종은《병신창의실록》에서 다음과 같이 적고 있다.

적이 황산을 엄습하여 27인을 죽이고 또 고무곡鈷鉧谷에 와서 2인을 죽였다. 돌아가면서 사촌沙村에 내려와 잇따라 도륙하여 남은 것이 없었으며, 마을 사람들은 다행히 피신하여 민가에 불만 질렀다. 대개 이곳은 5성五姓이 자리 잡고 거주한 지 5백여 년인데 거의 십의 팔구는 우리 일가다.   《병신창의실록》

또 이때의 상황을 3월 30일 청송의진의《적원일기》에서도 다음과 같이 적고 있다.

30일 (전략) 현서縣西 외방장外防將의 고목告目이 날아왔는데, "의성 황산의 안산에 이르러 숨어서 살펴본즉, 달성 병대가 황산에 주둔하여 포를 쏘아 죽인 자가 16인이었다. 그 가운

고무곡 원경
경상북도 의성군 옥산면 금학리 고무실.

데 3인이 의병이며 13인이 촌민이었다. 또 4인을 결박하여 오
후에 떠날 때에는 대장소에 방화를 하고 군량과 재물을 탈취
하였으며, 곧이어 아래 사촌沙村에 방화하였다. 그 후 거취는
아직 알 수 없다. 미시未時에 우평牛坪으로 20리를 돌아서 도
착하니 의성진의 부장이 병사 80명을 거느리고 누실累實에서
점심을 먹고 있었으며, 대장과 중군은 공곡孔谷에 머물러 뒤
를 돌보고 있었다."고 한다.　　　　　《적원일기》, 1896년 3월 30일)

황산전투 뒤 대구와 군위의 병정들은 군량과 재물을 약탈하고, 나아가 의병장 김상종의 고향인 사촌을 방화하여 잿더미로 만들었다.

9. 청송의진, 전열을 정비하다.

청송의진은 1896년 2월 3일(양 3월 6일) 창의하였다. 청송의진의 지도부인 양반유생들은 병법에 의해 병사들을 훈련하거나 전투를 지휘할 능력을 갖추지 못했고, 병사들은 총기를 다루는 데 능숙하지 못했다. 이러한 취약점을 극복하기 위해 지도부는 진용을 정비하고, 의병의 모집과 훈련, 그리고 군량미와 군수품의 수집을 추진하였다. 뿐만 아니라 병법에 익숙한 교련관을 선발하여 수차례에 걸친 진법과 사격을 익혔다. 이리하여 청송의진은 오합지졸이었던 의병을 비교적 정예의 군포軍砲로 정비함으로써 전투의병의 면모를 갖추게 되었다.

청송의진은 창의 뒤 주변의 안동·선성·진보·영양·의성·영덕 의진에서 격문檄文이나 통문通文을 수발하는 등 서로 밀접한 관계 속에서 활동하였다. 이러한 활동은 정보의 교환, 연합의진의 결성과 출진소의 설치 등으로 구분된다. 이러한 과정에서 청송의진은 주변 의진과 갈등을 겪기도 하고, 상호협조체제를 형성하기도 하였다.

안동의진과는 전후 10여 차례의 사통私通을 교환하였다. 창의 초에 안동의진의 소모장召募將 류시연柳時淵의 횡포는 청송·안동 양진 사이에 심한 갈등 관계를 조성하였으나, 두 차례에 걸쳐 안동의진에서 화해를 요청함으로써 해소되었다. 청송의진의 《적원일기》에 따르면, 다음과 같은 안동의진의 사통이 청송의진으로 왔다.

> 초7일 묘시에 안동에서 청송향회소靑松鄕會所에 사통이 또 도달하였는데, 그 내용은 "전자 류시연의 망령되고 해괴한 거동을 불문에 부치고 평화롭게 힘을 함께 도모하자는 것이다. 본읍에서도 역시 똑같이 앙갚음을 해야 하는 것은 아니기에 일을 시작한 처음과 같이 강령綱領대로만 하자."는 답을 보냈다.
>
> 《적원일기》, 1896년 2월 7일)

그 후 안동·예안·진보의진과 더불어 협조체제는 어느 정도 회복되었고, 빈번히 사통이 오고가며 정보를 교환하였다.

의성의진과는 전후 3·4차의 사통을 주고받았다. 우선 청송의진은 의성·대구 등지로 척후병을 파견하여 대구 관군의 움직임을 파악하는 데 주력하였다. 대구 관군은 군위·의성을 거쳐 안동부 공략에 그 목표를 두고 있었다. 2월 20일(양 4월 2일) 새벽 대구 관군은 의성읍을 불태우고 안동부를 공략하기 위해 북상하였다. 이때 의성읍은 공해와 민가가 모두 불타 약 8백여 호 가운데 남은 것은 1백여 호에 불과하였다. 청송의진은 주로 의성의진과 대구 관군의 움직임에 대처하여 서로 협력하고 있었다.

경주지역과는 창의 초기부터 관계를 맺고 있었다. 2월 16일 (양 3월 29일) 경주유생 손최수孫最秀·손최오孫最五 두 사람이 청송의진을 방문하여 경주에서 소모하여 경주지역에서 의기가 고무되도록 요청하였는데. 그 가운데 손최수는 경주 유생 손후익孫厚翼의 조부이다. 또 3월 3일(양 4월 15일)에는 경주지역에서 참여한 참모 이채구李采久가 경주유생 이병수李炳壽의 하서賀書를 가져왔는데. 경주지역이 창의치 못함을 한탄하고 있었다. 이러한 상황에서 청송의진은 경주지역에 참모 홍병태洪秉泰를 소모장으로 파견하기도 하였다.

홍해·영덕지역과 청송의진은 창의한 뒤 척후를 파견하거나 사통을 주고받으며 협조체제를 구축하고 있었다. 특히 영덕의진과 청송의진은 군사적으로 협력 관계를 유지하고 "일이 급하면 서로 돕는다."는 약속을 하고 있었다. 이리하여 청송의진은 홍해와 영덕에 출진소를 설치하였다. 즉 3월 27일(양 5월 9일) 군사를 소모하기 위해 도총 남승철·선봉 홍병태·우방장 윤정우로 하여금 포정 4초(약 70여 명)와 함께 홍해로 파견하였으니 홍해출진소興海出陣所이다. 감은리전투 이후 4월 10일(양 5월 22일)

청송의진은 우익장 권성하·후방장 장무호·참모 조광규·종사관 심모·서기 윤효업을 파송하여 포군 3초와 함께 영덕에 가서 후원토록 하였으니 영덕출진소盈德出陣所이다.

이와 같이 청송의진은 주변지역의 의병진과 격문이나 사통을 끊임없이 주고받으며 협조체제를 구축하고 있었다.

V. 의성연합의진의 결성과 투쟁

1. 의성연합의진을 결성하다.

3월 27일(양 5월 9일) 의흥을 공략하여 군수품을 확보한 이천의진은 의흥읍을 빠져나와 고리곡을 거쳐 3월 28일 용애의 압곡사에 유진하였다. 이천의진은 그날 밤 장령들과 함께 회의를 열었는데, 도총장 조성학의 의견을 따라 금성산 수정사로 진영을 옮겼다.

3월 29일 전날 의성의진이 황산전투에서 패했다는 소식을 들었다. 이에 김하락은 조성학의 의견에 따라 진영을 다시 사품沙品을 거쳐, 4월 1일(양 5월 13일) 대곡大谷으로 옮겼다. 이때의 상황을 조성학은 《정토일록》에서 다음과 같이 기록하고 있다.

29일. 조반 후에 의성의진이 패배했다는 소식이 도달하였는데, 병정 백여 명이 수정사에 있는 우리 군대를 찾아왔다. 대장은 나를 불러 괘卦를 지어달라고 요청하므로 나는 소매에서 점괘를 내어 놓고, "북쪽의 관병은 두렵지 않으나 남쪽의 관병은 염려되니 어떻게 조처하면 좋을까요?" 물었다. 대장이 "피하는 것이 좋겠지."라고 하였다. 내가 "이제 서북방이 가장 좋을 것입니다. 저녁을 먹은 후 서북방으로 갈 것 같으면, 우리가 모두 승리할 것입니다."고 하자, 대장은 "그렇게 하자."고 하였다.
30일. 즉시 군중에 영을 내려 서북방으로 행진하였다. 20리 되는 사품沙品에 다다르니 닭이 울었고, 잠시 눈을 붙였다.

(《정토일록》, 1896년 3월 29일~30일)

4월 1일 대곡에 진을 치고 있던 이천의진은 황산전투에서 패한 의성의진으로부터 구원 요청을 받았다. 이때의 상황을 김하락은 《정토일록》에서 다음과 같이 기록하고 있다.

4월 1일. 행군하여 대곡에서 아침밥을 먹고 있는데, 의성에서 패전한 군사 2명이 왔기로, 급히 그 대장의 거처를 물은즉, "군사 50여 명을 거느리고 진을 청송靑松으로 옮겼다."는 것이었다. 즉시 군사를 재촉하여 화목점和睦店에 이르러 점심을 먹는데, 의성 진중으로부터 급보가 왔다. "병정 백여 명이 의성 정현鼎峴으로 와 본진을 습격하려 드니 속히 와서 구원해 달라." 하므로, 우리 군사는 곧 의성 진영으로 향하여 드디어 백사장에 주둔하였다. 나는 구연영과 더불어 의성대장 김상종金象鍾을 찾아가 보고, 합세하여 적을 토벌할 계책을 협의하였다.   《정토일록》, 1896년 4월 1일)

이날 의성의진은 청송의진에도 사통을 보내 도움을 청했다. 당시 청송의진은 대구 관군의 움직임과 의성의진의 황산전투 참패 소식을 듣고 관내 방비에 힘쓰고 있었다. 이때 의성의진의 군사 80여 명과 이천의진의 군사 1백여 명이 화목 문거文居에 유진하고 있다는 소식을 듣고 교련군관 이교식李敎植을 보내 맞이하였다. 이때의 급박한 상황을 청송의진의 《적원일기》는 다음과 같이 기록하고 있다.

4월 초1일. 의성진이 달성 병정에 쫓겨 본읍 화목시장和睦市場에서 점심을 먹고 오후에 곧 신시新市로 이진하였다. 이천진에서 1백여 명이 또 와서 의성진과 합하여 문거역文居驛에 서 숙박하였다. 의성진에서 사통이 왔는데, 말하기를 "비진鄙 陣의 근일 낭패는 척후의 보고가 있어 알 것이다. 적병은 졸 지에 이르렀고, 비가 와서 우리 포는 젖어서 쏠 수가 없게 되 었다. 저들의 전력은 우리보다 갑절이나 앞섰다. 한 번 패하 여 전열이 흐트러짐에 다시 수습하기 어려워 마침내 이 지경 이 되었다. 대저 한 가지 의리로 일을 도모하는 처지로써 엎드 려 청하오니 피곤한 새와 쫓기는 토끼를 구하는 심정으로 용 납하여 주시기 바랍니다. 《적원일기》, 1896년 4월 1일)

이와 같이 김하락의 《정토일록》과 청송의진의 《적원일기》를 보면, 황산전투에서 패한 의성의진이 추격하는 관군을 피해 청 송으로 들어가면서 구원을 요청하고 있는 상황이다. 이리하여 의성·청송·이천의진은 대구에서 출동한 관병에 대응하기 위해 연합을 하게 되었다. 이른바 '의성연합의진'의 결성이다. 이에 대 해 이천의진의 도총장 조성학은 《정토일록》에서 다음과 같이 적고 있다.

4월 초1일. 서늘하다. 행진하여 5리 되는 대곡에 이르러 아 침밥을 먹었다. 패배한 의성진의 포군 두 사람이 왔기에 본대 장의 거처를 물으니 군사 50여 명을 거느리고 청송으로 행진했다고 하였다. 나는 즉시 아침을 먹고 청송을 향했다. 20리 되는 화목역和睦驛에 이르러 점심을 먹었다. 갑자기 한 사람이 와서 글을 바쳤는데, 읽어 보니 의성진의 사통이다. 사통에 말하길, "경병京兵 1백여 명이 의성 정현에서 본진을 쫓아오고 있으니, 원컨대 귀진貴陣은 빨리 와서 구해 주십시오."라고 하였다. 재촉하여 점심을 먹고, 즉시 의성진을 향해 가는데, 갑자기 앞쪽에서 총을 쏘는 소리가 간간히 이어져 우리 군사들도 포를 쏘아 대응하였다. 말을 달려 20리를 가니 화현 장터인데, 의성진이 이미 강변에 진영을 펼쳐놓고 있었다. 우리 군사들은 드디어 그 위쪽의 백사장白沙場에 주둔하였다. 청송진의 군관 한 사람이 알현하므로 대장의 명으로 가 보았다. 그후 의성진의 출령出令 김두병金斗炳이 와서 보았다. 나는 중군 구연영과 함께 가서 의성진의 대장을 만나 보니 전날부터 서로 알고 있었던 사촌沙村의 김상종이었다. 마침내 악수하고 서로 합세하여 적을 토벌하자는 논의를 하였다. 조금 뒤에 홀연히 말을 탄 사람 한 명이 수기手旗를 들고 우리 진영으로 달려 왔는데, 이 사람은 청송진의 교련관 이교식이었다. 그는 말하기를, "양진(청송진과 의성진)은 아래 마을 장터에 진영을 정하고 군졸들은 분산하여 근방 각 동리에 유숙케 하였다."고 하였다. 나는 크게 꾸짖으며 말하기를, "군법에 불시의 일을 대비하라 하였는데, 불시의 일이 생길 것 같으면 어느 여가에 군사를 불러 모을 것인가?"라고 하였다. 이에 행진을 명하여

의성진과 합진토록 하고, 즉시 10리 되는 문거역에 가서 유숙
하였다.　　　　　　　　　　　　　《정토일록》, 1896년 4월 1일)

　4월 1일(양 5월 13일) 결성된 의성연합의진은 의성의진의 군사
80여 명, 이천의진의 군사 1백여 명, 청송의진의 군사 60여 명
이 연합하여 결성된 의병진이었다. 하지만 이들 세 의병진이 완
전히 하나의 조직체가 된 것은 아니었다. 비록 연합하기는 하였
으나 각기 그 조직의 독립성을 유지한 채, 4월 2일 감은리甘隱里
에서 싸웠다.

2. 청송 감은리전투에서 이기다.

　1896년 4월 2일(양 5월 14일) 의성·청송·이천 등 세 의병진이
연합하여 결성한 의병진이 청송군 안덕면安德面 감은리의 성
황현城隍峴에서 관군을 상대로 전투를 벌였다. 의성연합의진의
이른바 '감은리전투甘隱里戰鬪'이다.[01]
　'의성연합의진'은 관군 170여 명이 대구방면에서 청송 화목으
로 공격해 오고 있다는 정보를 입수하였다. 이천의진의 도총장

01　柳漢喆, 〈金河洛義陣의 義兵活動〉에서는 "城隍峴戰鬪"라고 하였으나 이것
　　은 金河洛의 陣中日記를 자료로 하였기 때문이다. 일반적으로 청송지역에서는
　　"甘隱里戰鬪"라고 한다.

감은리전투지
경상북도 청송군 안덕면 감은리 소재.

조성학은 《정토일록》에서 이때의 상황을 다음과 같이 기록하고
있다.

초2일 새벽에 척후병이 의흥으로부터 와서 말하기를, "병정
170여 명이 3월 그믐날 대구大邱로부터 와서 압곡사를 포위하
였는데, 아군이 이미 떠난 것을 알고 계속 추격한 뒤 화목에
이르러 유숙하고, 지금 화현 장터까지 우리를 추격하였다."고
한다. 들고 보니 매우 위급하다. 즉시 군중에 영을 내려 말을

타고 나가 적을 맞이하였다. 청송진의 장관將官은 한 사람도
와서 보는 자가 없어 마음이 매우 분하고 원망스러웠다.

《정토일록》, 1896년 4월 2일)

조성학은 군사들을 이끌고 화목으로 나아가 추격하고 있는
관군을 맞아 싸울 준비를 하고 있었다. 그의 《정토일록》에서는
이천의진의 매복 상황을 다음과 같이 기록하고 있다.

즉시 말을 재촉하며 질주하여 화현에 이르러 매복할 계획
을 정하였다. 중군 구연영은 2대의 군사를 인솔하여 안덕 후
방에 매복하고, 좌익 신용희는 2대를 인솔하여 안덕 뒷산 상
봉上峯에 매복하고, 우익 김경성은 2대의 군사를 인솔하여 성
황산 주봉에 매복하도록 명하고, 나는 군사 2대를 인솔하여
성황현에 매복하였다. 그리고 대장은 유병遊兵 1대를 인솔하
여 높은 곳에 올라가 관망하도록 하였고, 의성진의 대장은 부
장 및 중군들과 더불어 먼 곳으로 모두 보내 단지 적을 돌파
하는 것을 관망케 하였다. 청송진은 안덕에 있다가 진을 거두
어 도망가니 매우 우습다.　　　　《정토일록》, 1896년 4월 2일)

이천의진의 구연영은 2대의 군사를 거느리고 안덕 후방에
잠복하고, 신용희는 2대의 군사를 거느리고 안덕 뒤 상봉에 잠

복하고. 김경성은 2대의 군사를 거느리고 성황산 주봉에 각각 매복하였다. 그리고 조성학은 2대의 군사를 거느리고 성황현에 잠복하고, 김하락은 높은 지대에 올라가 총지휘를 하였다. 이때 김상종의 의성의진은 앞선 전투의 피로 때문에 관망하며 전투에 참여치 않았고, 청송의진은 안덕현 근곡根谷으로 물러나 있었다.

정오에 관군은 이천의진이 매복해 있는 것을 알지 못하고 안덕을 향해 성황현까지 행군해 왔다. 이때 이천의진에서 천보총으로 일제히 사격을 가하자 앞서 들어오던 관군은 곧 흩어져 후퇴하였다. 이어 사방에 매복해 있던 의병들이 일제히 추격하여 관군 10여 명을 사살하였다. 관군은 크게 무너져 앞산을 향해 도망쳤다. 이에 총 잘 쏘는 의병 10여 명이 다시 총을 쏘아 관군 수십 명을 쏘아 죽이니 관군은 모두 사방으로 흩어졌다. 김하락은 《정토일록》에서 이때의 상황을 다음과 같이 기록하고 있다.

이날 정오에 적병이 화목으로부터 안덕 뒤 강변에 이르러 즉시 우리 군사에게 공격을 가해 오는데, 이때에 군중으로 하여금 포를 터뜨리지 못하게 하였기에 적은 전혀 내용을 모르고 곧장 성황현에 이르렀다. 곧 천보총千步銃 5자루로 일제히 포를 터뜨리도록 명령하니, 적진의 앞 부대가 무너져 흩어졌다.

이에 기를 휘두르며 크게 외치니, 사방의 숨어 있던 복병이 일제히 발동하여 적의 군졸로 탄환에 맞아 죽은 자가 10여 명이되었으므로 적병은 크게 혼란해져 앞산을 향해 도망쳤다. 그래서 포를 잘 쏘는 자 10여 명이 천보총을 가지고 추격한 뒤총을 쏘아 수십 명을 죽였다. 적이 마침내 사방으로 흩어져 도망가므로, 드디어 퇴군하여 본진으로 돌아와 점심을 먹으려는데, 적이 이때를 틈타서 다시 들어왔다. 곧 좌우로 하여금 일제히 포를 쏘게 하였다.　　　　　　　　 (《정토일록》, 1896년 4월 2일)

얼마 뒤 달아났던 관군이 다시 의병진을 공격했으나 김하락은 포를 쏘아 적을 추격하였다. 이때 청송의진의 중군 김대락金大洛이 포군 2대를 이끌고 앞산으로부터 달려와 호응하였다. 당시 청송의진은 이천과 의성 양진이 이미 접전하고 있다는 소식을 들었다. 이에 청송의진의 대장 심성지沈誠之는 근곡에 머물고 중군 김대락, 진무 정진도鄭鎭壽, 소모 심능장沈能璋, 참모 오세로吳世魯, 서기 윤도혁尹道爀, 외방장 안병룡安秉龍, 군사 이경식李景植, 집사 윤경승尹景昇 등이 포정 60여 명을 거느리고 명당동明堂洞 연안緣岸에 도착하여 감은리 뒷산으로 올라와 합류하였다. 청송의진의 《적원일기》에서는 이때의 전투상황을 다음과 같이 기록하고 있다.

이리하여 감은리 뒷산에 오르니 적은 먼저 요처를 점거하고 있었다. 척후가 우리 진영이 오는 것을 보고 산상에 나열하였고, 변화무쌍하게도 나머지 적당 몇 명은 동리 앞에 진을 치고 이천·의성 양진과 접전을 하는데 대포 쏘는 소리는 우레와 같고 탄환이 나는 것이 비와 같았다. 본진은 뒤에서 공격하고 이천진과 의성진은 앞을 막아 3진이 합세하여 적병 7~8명을 죽이니 날이 어두워졌다. 마침내 군대를 산 아래로 퇴각시켜 옥현玉峴에 유진하였다. 《적원일기》, 1896년 4월 2일)

이천·청송·의성 세 의병진은 계속 적을 추격하여 적병 10여 명을 죽였다. 이때 날이 어두워지므로 마침내 군대를 산 아래로 퇴각시켜 옥현玉峴, 안덕 뒷산, 감은리에 유진하였다. 산 위의 적들이 독을 품고 감은리에 방화를 하니 연기와 불길이 하늘에 닿았고 포성은 땅을 진동하여 그 참상이 형언할 수 없을 정도였다. 이리하여 의성연합의진은 회군하여 이천의진 2대와 청송의진이 본진을 파수하고 모든 의진은 문거文居로 물러나 유숙하였다. 관군은 세가 불리함을 깨닫고 의성·신령 등지로 퇴각하였다.

이튿날 4월 3일(양 5월 15일) 청송의진의 포정 60명은 근곡에서 아침을 먹었다. 오전에 부서외방장府西外防將 심의철沈宜喆이 친군 10여 명을 거느리고 도착하였고, 현縣 5면面의 면군面

軍이 사방에서 구름 같이 모여들었다. 피란을 떠났던 사람들도 산으로부터 돌아왔다. 오후 중군 김대락과 진무 정진도를 감은리에 보내 위무하게 하니 한 마을이 모두 불타고 남은 것은 단지 6~7가구뿐이었다.

이천의진과 의성의진의 의병 수백 명이 안덕 신시장新市場에 주둔하고 있었다. 이때 의성의진의 병졸은 겨우 16명이 남아있을 뿐이었다. 청송의진의 중군 김대락이 군문집사 박봉의朴鳳儀로 하여금 양진을 위무하기 위해 네 동이의 술을 공궤供饋하며 전별하였다. 한편 의성의진의 김상종과 이천의진의 김하락은 흩어진 병졸들을 다시 수습하여 전열을 정비하기로 하고 이날 오후 의성으로 회군하여 의성 오촌동梧村洞에서 유숙하였다.

감은리전투는 의성연합의진의 승리였다. 이 전투에서 연합의진은 관군 10여 명을 사살하였다. 특히 연합의진 가운데 김하락의 이천의진이 이 전투를 주도하였다. 이천의진은 전투의병으로서 면모를 보여주었다. 이날의 전투를 청송의진의 참모 오세로는 《적원일기》에서 "흡사 《삼국지三國志》의 전장과 같았다."고 기록하였다.

3. 의성 비봉산전투에서 이기다.

청송의진과 헤어진 의성·이천 두 진은 4월 3일(양 5월 15일)

의성군 사곡면 토현리

화목에서 유숙하고, 다음 날 의성진은 상강相岡, 이천진은 토현
土峴에서 유숙하였다. 이날 김하락은 의성의진의 대장 김상종
을 선봉으로 삼았다. 4월 5일 의성군 사곡면舍谷面 운곡雲谷에
유숙하면서 김하락은 김상종과 함께 소 두 마리를 잡아 군사
들을 먹이는 한편, 령을 내려 의병을 모집하였다.

4월 6일(양 5월 18일) 의성연합의진은 그 본진을 다시 금성산
金城山과 비봉산飛鳳山의 깊은 골짜기에 있는 수정사로 옮겼다.
4월 6일 두 진영은 수정사에 진지를 정하고 각 면에 령을 내려
군수품과 군졸들의 의복을 독촉하여 준비토록 하였다. 이때
모집된 군사는 1백여 명이 되었는데, 두 진을 혼합하여 부대를

의성군 금성면 운곡리

1기 3대로 재편성하니 군세가 차차 떨치게 되었다.

일반적으로 의병진이 연합하는 경우 각 의병진은 개개의 독립성을 유지하는 것이 보통이다. 그러나 이때는 각 의진의 병사들이 서로 혼합되어 단일 의병진으로 재편성되었다. 이것은 의성의진이 황산전투에서 패한 이후 전열을 전투적으로 재정비할 수 없었기 때문이었다.

이때 관군은 청송·의성 일대에 주둔하면서 의병을 격퇴하고 안동으로 진출하려는 계획이었다. 청송의진에서는 의병의 움직임을 살피면서 군의 남쪽을 경계하고 있었고, 의성·이천 양진

수정사 전경

은 수정사에 주둔하며 일본군의 공략에 대응하였다. 따라서 의
성연합의진은 청송·의성지역에서 대구 관군이 북진하여 안동
으로 진출하는 것을 저지하고 있는 상황이었다. 그럼에도 안동
의진은 내부적인 문제로 의성의진·이천의진 두 진영의 어려운
상황을 도울 수 없는 상태였다.

　4월 8일(양 5월 20일) 수정사에서 군막을 친 두 진은 관군의
공격에 대비하여 사방을 파수把守하였다. 이때의 상황을 김하
락은《정토일록》에서 다음과 같이 적고 있다.

금성산과 비봉산
경상북도 의성군 금성면 산운리 소재.

8일, 산 아래 각 동리에 전령傳令하여 산마루 사방에 군막을 세우게 하였다. 여러 장수에게 군사를 거느리고 파수를 하도록 명령을 내렸다. 좌익장 신용희는 운곡의 요로要路를 지키고, 우익장 김경성은 천마봉天馬峰을 지키고, 의성의진의 출령出令 김두병金斗柄은 남현藍峴을 지키고, 조성학은 금성金城 좁은 목을 지키게 하였다.　　　　　　(《정토일록》, 1896년 4월 8일)

4월 9일(양 5월 21일)부터 11일까지 수정사에 주둔한 연합의진은 소모 활동을 하며 관군의 공격에 대비하였다. 그리고 당시

금성산과 비봉산 앞 일원

의성읍에 주둔하고 있던 관군을 공격하는 문제를 두고 격론을 이어갔다. 이때의 상황을 조성학은 《정토일록》에서 다음과 같 이 기록하고 있다.

초9일. 조성학은 중군 구연영과 함께 "적병이 지금 의성읍 에 머무르고 있는데, 그 피로함을 틈타 군사를 거느리고 가서 공격할 것 같으면 반드시 전승을 거둘 것입니다."라고 하였다.
그러나 대장이 말하기를, "그렇지 않다. 바야흐로 소모를 하고
있는 중에 어찌 남을 공격을 할 여가가 있겠는가."라고 하였
다. 나와 중군은 매우 원망스럽게 생각하며 물러났다.

초10일. 또 습격할 것을 요청하였으나 고집하며 허락지 않
았다.

11일. 저녁에 대장이 나를 불러 말하기를, "오늘은 병사를
보내 습격하는 것이 좋겠다."라고 하였다. 나는 말하기를, "그
렇지 않습니다. 지금은 적이 이미 준비하고 있으니 습격하기
가 좋지 않습니다."라고 하였다. 대장이 말하기를, "해시亥時,
저녁 9시에 군사가 출정하여 축시丑時, 새벽 1시에 엄습掩襲하
면 가히 전승할 수 있을 것이다."라고 하였다. 나는 할 수 없
이 군사를 인솔하여 수정동水淨洞에 이르러 진을 치고 종사
조희순趙凞舜으로 하여금 이해利害를 적극 진언하는 고목告目
을 올리도록 하였다. 답하여 말하기를, "앞선 명령대로 시행할
것"이라 하였다. 시간이 이미 해시에 가까워졌다. 또 여러 사
람을 시켜 출격이 불가하다는 고목을 올렸다. 대장이 말하기
를, "회진回陣하라."고 하였다. (《정토일록》, 1896년 4월 9일~11일)

수정사에 주둔하고 있던 사흘 동안 대장 김하락과 도총장
조성학은 관군을 공격하는 문제를 두고 논란을 벌이면서 관군
의 공격에 대비하였다.

4월 12일(양 5월 24일) 관군 2백여 명이 남쪽 산운리山雲里 쪽에서 들어오고 있다는 척후병의 보고를 받았다. 두 진은 접전할 준비를 갖추고 부대를 나눠 매복토록 하였는데, 김하락의 《정토일록》에서는 매복의 형세를 다음과 같이 기록하고 있다.

척후병이 와서 보고하기를, "관병 2백여 명이 지금 산운리로 들어오고 있다."고 한다. 높은 곳에 올라가서 바라보니 과연 들어오는 것이 보인다. 다시 제장에게 명령하여 적을 맞아 싸울 수 있도록 준비하였다. 즉 좌·우익은 3대를 인솔하고 비봉산에 복병케 하고, 김두병은 2대를 인솔하여 비봉산 아래에 둔병하게 하고, 중군과 김순삼金順三은 천마봉에 복병토록 하고, 조성학은 3대를 수정동 입구에 복병하게 하였다. 나는 유격병遊擊兵 1대를 인솔하고 각대를 왕래하면서 지휘하고, 의성대장은 나머지 군사를 이끌고 남현藍峴을 지키기로 하였다.

《정토일록》, 1896년 4월 8일)

정오경에 잠복하고 있던 조성학이 수정동으로 들어오는 관군을 공격하였다. 조성학의 《정토일록》에서는 관군의 첫 공격에 대한 전투 상황을 다음과 같이 설명하고 있다.

나는 보리밭 속에 매복하여 포복으로 2리 정도 앞으로 나아가 적진 앞에 이르러 머리를 들고 기旗를 휘두르며 큰소리로 외치니 뒤따르던 3대 군사가 일시에 총을 쏘았다. 적은 뜻밖의 출현에 놀라 모두 도망하여 청로역靑路驛 안산案山으로 올라갔다. 나는 추격해서 공격해 죽이니 탄환에 맞아 죽은 자가 겨우 수인이었으나 즉시 회군하였다. 한번 싸워 크게 이기니 대장은 중앙으로 가서 승전의 북을 쳤다. 군사들을 모아 점심을 먹게 하였다.　　　　　　　(《정토일록》, 1896년 4월 12일)

첫 전투에서 관군을 물리친 연합의진은 점심을 먹은 뒤, 대장 김하락을 비롯하여 도총장 조성학, 중군장 구연영 등이 다시 관군을 추격하였다. 조성학의 《정토일록》에서는 당시의 전투 상황을 매우 구체적으로 기록하고 있다.

대장은 군사를 거둬들여 본진이 주둔한 곳으로 돌아가고자 하였다. 나와 중군은 대장 앞에서 청하여 말하기를, "적이 이미 멀리 도피하였으니 마땅히 두 길로 나누어 좌우에서 협공하면 기분 좋게 승리할 것입니다."라고 하였다. 대장이 "허락한다."고 하였다. 즉시 중군에 령을 내려 5대隊의 군사를 인솔하여 순호동蓴湖洞 안산을 바로 점거하고 적의 머리 부분을 공격하라."고 하였다. 나는 3대의 군사를 인솔하고 그 후미를 공격하였고, 대장은 나머지 군사를 인솔하고 의병疑兵, 적의 눈을 속이는 가짜 군사이 되어 출몰하면서 그 중심부를 대적하였다. 나는 좌익과 함께 3대의 군사를 인솔하여 바로 군위령軍威嶺으로 가서 적의 전방을 공격하였다. 적이 빨리 다가와 대적하게 되었는데, 적과 교전도 하기 전에 일초장 이준성李俊性이 총을 쏘아 한 사람을 사살하고, 김인식金仁植이 천보총 한 방을 쏘니 두 사람이 죽어 넘어졌다. (《정토일록》, 1896년 4월 12일)

중군장 구연영은 순호동 안산에서 관군의 머리를 공격하였고, 도총장 조성학은 좌익장 신용희와 함께 군위령으로 가서 전방을 공격하였다. 그리고 김하락은 나머지 군사를 이끌고 의병疑兵이 되어 관군의 전방을 공격하였다.

이날 해가 저물 때까지 매복·기습작전으로 이어진 전투에서 연합의진은 크게 이겼다. 김하락은 수정사 본진으로 회군하여 상을 내리고 파수를 엄히 하였다. 그 날 밤에 또 다시 관군 몇 명이 의병진에 몰래 접근하려다가 복병에게 발각되어 무기까지 버리고 도망하였다.

4월 13일(양 5월 25일) 아침, 다시 침범한 관군과 의병진 사이에 전투가 벌어졌다. 두 진이 포를 쏘면서 오전 8시부터 오후 4시경까지 대치하였으나 쉽게 승패가 나지 않았다. 달아나던 관군은 각 마을에서 소·말을 약탈하였다.

4월 14일(양 5월 26일) 아침 이천의진의 조성학이 퇴군할 것을

외쳤다. 때마침 모래가 날리고 돌이 굴러갈 정도의 회오리바람
이 크게 불었다. 김하락의 독려에도 이천의진은 더 이상 견디지
못하고 비봉산을 넘어 황산으로 퇴각하였다.

한편 의성의진도 아침 8시 무렵에 적병이 4개 대로 나누어
갑자기 산 위로 올라오는 것을 보고 발포하려 하였으나 화약이
모두 바람에 날아가서 어떻게 할 수가 없었다. 김상종은 더 이
상 의성진 만으로는 대적하기 어려워 동생 김회종의 부축을 받
으며 춘산 사미思美로 피신하였다. 김상종은 "헛되이 죽는 것은
아무 의미가 없으며, 또한 맨손으로 행진하는 것도 좋은 계책
이 아니다."고 하며 각자 해산할 것을 명령하였다.

이리하여 의성연합의진은 금성산과 비봉산을 중심으로 전개
된 비봉산전투에서 관군을 상대로 치열한 전투를 벌였다. 사흘
동안 진퇴를 거듭하는 치열한 전투였다. 결국 의성의진은 해산
을 결정하였고, 이천의진은 진영을 옮겨 황산으로 이동하였다.
그렇지만 이 전투에서 의성·이천 두 진은 명실공히 전투의병의
면모를 보여주었다.

4. 의성 실업동전투 이후 경주를 향하다.

비봉산전투 이후 이천의진은 4월 15일(양 5월 27일) 지동점池
洞店에 유숙하였다. 이날 경기도 이천에서부터 함께 활동해 온

중군장 구연영이 부하 30여 명을 이끌고 경기도 이천으로 돌아갔다. 경기도를 출발했던 이천의진이 경북 북부지역으로 들어와 의성에 도착했을 때 선봉장 김태원이, 그리고 중군장 구연영이 경기도로 돌아간 것이었다. 김하락은 《정토일록》에서 이때의 상황과 심경을 다음과 같이 적고 있다.

15일. 군인 2명을 수정사에 보내어 병든 포군 2명을 등에 업고 오게 하였다. 이날 구연영은 적의 기세가 매우 성함을 두려워하여 비밀히 군중에 설유하기를, "대장은 본시 영남 사람이라, 친척과 친구가 이 지방에 많이 살고 있으니, 설혹 뜻밖의 변이 있을지라도 반드시 보호하는 자가 많으려니와 우리들은 천리의 고독이니 누가 즐겨 돌보아 주겠는가. 미리 먼저 돌아가는 것만 같지 못하다." 하고, 드디어 그 부하 30여 명을 거느리고 몰래 경기도로 향해 떠났다. "아! 슬프다. 약간 의기가 있다는 자도 오히려 이와 같은데, 죽음에 당하여 변하지 않는 자가 몇 사람이 있겠는가. 이것은 내가 부하를 잘못 통어通御한 탓도 있겠다. 그러나 역시 국운의 소치다." 탄식하며 오래도록 울었다.   (《정토일록》, 1896년 4월 15일)

구연영을 비롯해서 의병 30여 명이 이탈함으로써 김하락은 전력 면에서 큰 손실을 입게 되었다. 김하락은 전날 수정사전투

패전 뒤 경기도에서 따라온 포군 두 사람이 병이 들어 움직이지 못해 비봉산의 바위굴에 눕혀 놓고 철수한 사실이 있었다. 이튿날 다시 데려 오긴 했지만, 경기도에서 포군을 인솔하고 왔던 구연영이 볼 때, 자신의 처지를 다시 생각하는 계기가 되었을 것이다.

결국 김하락은 50~60명 정도의 병력을 이끌고 4월 16일(양 5월 28일) 황산동黃山洞, 현 옥산면 입암3리에서 하룻밤을 유진하고 두음산斗音山을 거쳐 4월 17일 황학산黃鶴山—4월 18일 금학산金鶴山으로 이동하였다. 금학산에서 사흘 동안 유진하고 있던 이천의진은 다시 황학산을 거쳐 4월 24일(양 6월 5일) 행군하여 황산동에서 유숙하였다.

이천의진이 전전했던 황산동·황학산·금학산 등은 의성 출신의 김하락과 조성학으로서는 익숙한 곳이었고, 관군의 추적을 피해 진영을 설치하기 좋은 곳이었다. 황산동은 배산임수의 지리적 요건을 갖추고 있어 의병이 주둔하기에는 아주 적합한 곳이었다. 그러나 이곳은 의성의진이 관군의 습격을 받아 참패한 곳이었고, 이 과정에서 마을 주민들은 많은 피해를 입었다. 그러므로 의병의 횡포와 약탈에 시달린 경험이 있었던 마을 주민들은 의병이 주둔하는 것을 싫어하였다. 이에 김하락은 천험의 요새지이고 초년에 공부했던 황학산, 또 황학산에서 멀지 않은 안동의 금학산 등으로 이동하며 며칠을 머물렀다.

특히 주목되는 것은 금학산에 유진하고 있던 중, 춘천유생 이병원李炳遠이 투신해 오자, 그를 종사從事로 삼은 일이다. 이병원은 강릉의진江陵義陣 민용호閔龍鎬의 휘하에서 활동하다가, 영양 출신의 의병장 벽산碧山 김도현金道鉉을 초청하기 위해 파견되었다. 이때 의성의진에 투신하였던 유생으로 황산전투에서 패전한 뒤 다시 이천의진에 합류한 인물이다.

이천의진은 4월 22일(양 6월 3일) 황학산으로 진영을 옮겼다가, 4월 24일(양 6월 5일) 황산동을 거쳐, 4월 25일 옥산면 실업동實業洞으로 들어갔다. 이천의진이 처음부터 계획하고 있던 경주로 이동하기 위한 경유지였다. 이천의진은 실업동에서 포군 김인식金仁植과 김호길金好吉이 자원하여 들어왔고, 의성 중리 출신의 오혁주吳赫周가 들어옴으로써 진영을 보강하였다.

4월 27일(양 6월 8일) 이천의진은 경주를 향해 실업동을 나서던 차에 관군의 추격을 받았다. 김하락은 즉시 대오를 정비하고 관군에 대응하였다. 김하락은 《정토일록》에서 이때의 상황을 다음과 같이 기록하고 있다.

27일. 비가 개었다. 행진하여 마을 입구를 나가는데, "병정兵丁 50여 명이 우리 군사를 쫓아온다."는 것이었다. 이때에 우리 군사는 30명도 채 안되니, 아무리 해도 대적하기 어려웠다. 즉시 군중에 령을 내려 사방으로 흩어져 대오를 나누게 하고, 만약

실업동과 서쪽으로 보이는 안산

적이 오면 이러이러하라고 하니, 전군이 령에 따라서 사방으로 흩어져 잠복하였다. 적의 무리는 과연 실업동으로부터 산 아래에 이르렀다. 나는 깃발을 휘두르며 크게 외쳤고, 수십 곳에서 일제히 포를 터뜨리며 고함을 치니, 적은 사방에 복병이 있을까 의심하여 급히 퇴군해 달아났다. (《정토일록》, 1896년 4월 27일)

김하락이 이끌던 이천의진은 30여 명에 미치지 못하는 전력으로 관군과 대적하여 포를 쏘며 함성을 질렀고, 이에 관군이 물러갔다. 이튿날 오후 이천의진은 실업동을 출발하여 경주를 향해 행군하였다.

VI. 경주연합의진의 결성과 경주성전투

1. 경주연합의진을 결성하다.

이천의진은 청송 화목和睦(4월 28일)에 유숙하고, 도동道洞(4월 29일) — 덕현德峴(5월 1일) — 안덕점安德店(5월 2일) — 유천점柳川店(5월 3일) — 영천 입암立巖(5월 3일) 등지를 거쳐 5월 5일(양 6월 15일) 경주 인비仁庇, 현 경상북도 포항시 기계면 인비리에 도착하였다. 경주 인비로 이동하는 과정에서 도동에 도착했을 때 실업동전투에서 흩어진 군사 40여 명을 거느리고 전초도령장前哨

都領將 이준성李俊性이 합류하였고, 덕현에서도 흩어졌던 군사들이 다시 모여들었다. 이리하여 이천의진은 9개 부대로 재편성되었다.

이천의진이 경주 인비에 도착했을 때, 경주지역 유생인 김병문金炳文·이시민李時敏·서두표徐斗杓·박승교朴承敎 등이 찾아와 합세하기를 요청하였다. 이에 김하락은 이들을 받아들여 새로운 편제의 경주연합의진을 결성하였다.

경주연합의진의 편제

창의대장	김하락金河洛		
경주도소모장	이채구李采久		
참모	이준구李俊九·이종흡李鍾翕·장상홍張相弘·		
	이우정李寅禎·박승교朴承敎		
좌봉장	서두표徐斗杓	우선봉	홍병태洪秉泰
좌익	안옥희安玉熙	우익	안재학安載學
중군	이익화李益和	후군	김두병金斗柄
좌봉	이용관李容觀	우봉	이상태李相台
좌포장	황성학黃性學	우포장	이시민李時敏
영솔	김병문金炳文		

새로이 편제된 경주연합의진의 지도부 조직 구성을 살펴보면

경주연합의진 결성지 인비마을

크게 이천의진에서 참여한 인물, 의성연합의진에서 참여한 인물, 경주에서 새로 참여한 인물로 나누어 볼 수 있다.

이천의진에서 참여한 인물은 창의대장 김하락을 비롯하여 좌익장 안옥희, 우익장 안재학, 우봉장 이상태 등이며, 조성학도 직책은 맡지 않았으나 전투과정에서 주요 인물로 활동하고 있다. 특히 주목되는 것은 이천수창의소에서 김하락의 종사관이었던 안옥희와 안재학이 좌익장과 우익장을 맡았고, 포군 십장이었던 이상태가 우봉장을 맡은 점이다. 이것은 경주연합의진의 체제를 전투적으로 개편하였다는 점에서 의미가 있다.

의성연합의진에서 참여한 인물은 의성의진의 후군장 김두병, 청송의진의 경주도소모장 이채구, 우선봉장 홍병태 등이다. 경주도소모장 이채구는 신광면神光面 우각리愚覺里 출신으로 청송의진의 참모로 참여하였고, 우선봉장 홍병태는 청송의진 창의 초기에 선봉장으로 참여하여 경주지역 소모장으로 파견되어 소모활동을 벌인 인물이었다. 이들은 1896년 3월 경주지역이 창의를 하지 못하고 있던 상황에서 청송의진에 참여하여 활동하였다. 홍병태가 청송의진에서 경주지역 소모장으로 파견되어 활동하는 것도 경주유생 이병수李炳壽의 요청에 따른 것이었다. 이런 연유에서 볼 때, 경주연합의진에는 청송의진의 맥락이 이어지고 있다는 것을 알 수 있다.

경주연합의진이 결성되는 과정에서 새로 참여한 인물은 경주유생 김병문·이시민·서두표·박승교를 비롯하여 참모 이준구·이종흡, 좌봉 이용관 등이다. 서두표는 기계면杞溪面 가천동 출신으로 김하락이 "용력勇力이 절륜絶倫하다."고 기뻐했던 인물이었고, 박승교와 이시민도 기계면 출신이다. 그리고 이준구는 기계면 오덕동五德洞, 이종흡은 기계면 현내동縣內洞, 이용관은 강동면江東面 삼괴정三槐亭 출신이다. 모두 경주를 비롯하여 그 주변 지역의 유생들이다.

그 외 참모 장상홍·참모 이우정·중군 이익화 등은 경주 이외의 지역에서 참가한 인물들이다. 참모 장상홍과 이우정은 흥해 출신으로 일찍이 최세윤崔世允과 함께 안동의진에 참여하여 활동하였으며, 이익화는 울산 출신으로 짐작되나 자세한 것은 알 수 없다.

이와 같이 경주연합의진은 경주지역의 인물이 주류를 이루고 있으면서도 이천의진·의성의진·청송의진의 맥락이 이어졌다. 물론 의병장은 대부분 독자적인 의병부대를 거느리고 활동한다는 점을 감안한다면 의성의진이나 청송의진에서부터 따르던 병사들이 경주연합의진에 참여하였다고 할 수 있다.

2. 경주성을 공략하여 점거하다.

경주연합의진을 결성한 김하락은 의병진의 조직을 정비한 뒤 경주성을 공격하여 점령하기로 하였다. 1896년 5월 6일(양 6월 16일) 인비를 출발하여 안강점安康店으로 이동한 김하락은 척후병 서상각徐相珏·김춘삼金春三 두 사람을 경주부로 파견하여 허실을 정탐하게 하였다.

5월 7일(양 6월 17일) 아침 경주연합의진은 안강 고성쑤〔高城藪〕를 거쳐 경주성을 향해 진격하였다. 이천의진의 도총장 조성학을 성을 공격하는 선봉장으로 삼고, 정병 1대를 이끌며 복수기復讐旗를 들고 동문東門 밖 황오리黃五里로 달려갔다. 당시 경주성에는 포군 약 50여 명이 주둔하고 있었는데, 경주연합

고성쑤
경주읍성 북쪽 성건리와 성동리에 걸친 3킬로미터 정도의 숲이다.

의진이 진격하자 일제히 포를 쏘며 저항하였다.

창의대장 김하락은 저항하는 경주성의 관군을 향해 '복수군復讐軍에 대항하는 것은 역적을 돕는 큰 죄악이니 성문을 열어 후회가 없게 하라'고 소리쳤다. 김하락의 《정토일록》에서는 다음과 같이 기록하고 있다.

"너희들도 역시 우리나라 민족인데, 우리 복수군에 저항하니 이것은 역적을 돕는 큰 죄악이다. 만약 종시 미혹을 고집한다면 옥석구분玉石俱焚을 면하지 못할 것이다. 빨리 성문을 열어 후회가 없게 하라." 　(《정토일록》, 1896년 5월 7일)

동시에 선봉장 조성학도 "적을 돕는 역적 무리는 불속의 귀신이 될 것이 멀지 않은데도 오히려 이처럼 미혹을 고집하느냐."라고 외치며 동문을 향해 돌진하였다. 이미 성안에서는 불길이 솟고 있었고, 관군들은 앞다투어 달아났다. 포군 권영수權永壽·허봉룡許鳳龍·박돌쇠朴乭釗가 성을 넘어 들어가 성문을 활짝 열어놓았다. 경주군수 이현주李玄澍와 중군 윤흥순尹興淳이 모두 그 광경을 바라보고 도망해 달아났다.

이현주는 달성군 하빈 출신으로, 1895년 갑오경장으로 지방 관제가 개편되어 경주부가 군으로 개칭될 때 경주군수慶州郡守로 부임한 인물이다. 1895년 5월 경기전慶基殿 참봉參奉으로 벼슬을 시작하여, 같은 해 12월 경주군수에 임명되어 1896년 7월 체임遞任된 뒤 대구에 거주하였다. 1901년 경주군수 재임 시 공전 체납으로 체포된 바 있고, 1906년 '이유인李裕寅의 무고誣告 사건'에 연루되기도 했으나 모두 무죄 방면되었다. 그는 대구에 거주하면서 1906년 대구에서 설립된 달명의숙達明義塾 교장, 1906년 8월 대구민의소大邱民議所 회장, 1907년 2월 국채보상운동을 주도한 대구금연상채소大邱禁煙償債所 회장, 1908년 4월 대한협회大韓協會 대구지회大邱支會 회원, 같은 해 11월 협성학교協成學校 교장, 1909년 11월 대한협회 대구지회 부회장을 역임하는 등 대구지역 애국계몽운동에 참여하였다.

경주성을 점령한 김하락은 성안의 불을 끄고, 경주성을 공

경주성 동문
현 경상북도 경주시 황오리 소재.

격하기에 앞서 정탐을 보냈던 척후병 서상각과 김춘삼을 수색
하여 찾았다. 경주성에 잠입했던 두 사람은 체포되어 매를 맞
고 옥중에 기절해 있었는데, 김하락은 이들을 어루만지며 눈물
을 흘렸다. 곧이어 김하락은 사대문에 방을 걸어 의병들의 군
율을 엄히 하는 한편, 경주 관할 각 면에 거주하는 대성大姓들
에게 격문을 보내 창의에 호응토록 하였다. 그리고 군사들을
각 문에 배치하여 방어에 만전을 기했다. 김하락의《정토일록》
을 보면 그 상황을 알 수 있다.

"만약 추호라도 민간을 침범하는 자가 있으면 장관·군졸을 막론하고 모두 군율에 의하여 시행한다."고 4대문에 방을 써서 걸게 하였다. 각 면 대성들에게 격문을 보내어 창의에 호응하게 하고, 또 성을 지킬 장수를 차정하여 이용관·최진엽으로 하여금 동문을 지키게 하고, 이병원으로 동소문을 지키게 하고, 황성학·오학문吳學文으로 남문을 지키게 하고, 이시민·박수한朴壽漢으로 서문을 지키게 하고, 김학문金學文·노성호盧性浩로 북문을 지키게 하였다. 군막을 짓고 옹성甕城을 세우니 무릇 28개소나 되었다. 그리고 이준구로 동화면 소모장을 삼고, 이종흡으로 기계면 소모장, 김병문으로 죽장면 소모장을 삼았다. 동·북 양문 밖에 소화를 당한 민가에는 각각 돈 백 냥씩을 주니 백성이 모두 안도하였다.   《정토일록》, 1896년 5월 7일)

경주연합의진은 장수를 임명하여 동서남북 사대문을 방어하고. 28개소에 군막을 짓고 옹성을 세워 관군의 공격에 대비하였다. 뿐만 아니라 경주일원의 동화면東華面·기계면·죽장면竹長面 등에 이준구·이종흡·김병문을 각각 소모장으로 파견하였다. 이때 차정된 장령과 파견된 소모장은 모두 경주일원에서 참여한 인물들이었다.

특히 경주성을 점령한 연합의진은 장령 및 군졸에게 군율을 엄격히 시행하였고, 양반 사족들에게 격문을 보내 창의에 호응하도록 효유하였다. 그리고 불 탄 민가 복구를 위해하는 돈 1백

냥 씩을 지급하여 위무하기도 하였다.

3. 경주 수성전을 벌이다.

경주성을 점령한 경주연합의진은 민간을 위무하는 한편, 경주성의 방어 태세를 정비하였다. 그리고 각처로 소모관을 파견하여 군수품을 모집하였다. 이와 같이 급박한 상황에서 경주성을 회복하기 위한 관군의 1차 반격이 시작되었다.

한편, 경주연합의진이 경주성을 점령했다는 소식을 듣고 각처 의병들이 호응하였다. 당시 《동경조일신문》은 청송과 영덕지역에서 활동하고 있던 의병의 움직임을 다음과 같이 보도하고 있다.

청송 및 영덕 부근에서 봉기했던 폭도는 세勢가 더해 자주 연도沿道의 관아 및 부호富豪를 범하고 금전과 물품을 약탈하고 있다. 그들은 경주성慶州城의 폭도에 응할 모양이다.

《동경조일신문》 1896년 7월 3일자)

이와 같이 각처 의병들이 경주연합의진에 호응하고 있다는 소식을 들은 대구부 관찰사는 사태가 몹시 위태롭다고 인식하였다. 당시 대구부 관찰사는 대구 주둔 일본군 수비대에게 병력을 요청하는 한편, 총병銃兵 60여 명과 궁수 19명의 정예요원을 경주에 증파하였다.

1896년 5월 9일(양 6월 19일) 오후 "적병 3백여 명이 두 길로 나누어 온다."는 척후병의 보고가 있었다. 이에 경주연합의진은 탄약을 준비하고, 진영을 결속하여 대기하였다. 이튿날 아침 관군이 두 갈래로 나뉘어 공격해 왔다. 김하락의 《정토일록》에는 관군과의 교전을 다음과 같이 기록하고 있다.

초10일. 이른 아침에 적병이 과연 두 갈래로 나뉘어 크게 몰아오는데, 한 갈래는 남문 봉황대鳳凰臺로, 한 갈래는 서문 장대將臺로부터 오고, 본부 부윤은 수개 부대의 군사를 거느리고 서산에 올라 군막을 만들어 세우고 관망하는 것이었다. 조성학·이채구·홍병태가 남문에 올라 먼저 포를 터뜨리니, 적병이 마침내 산에 올라 싸움이 어울렸으나 승패가 나지 아니한다. 적은 우리 군사가 굳건히 지키는 것을 알자 동문으로 회군하므로 우리 군사도 역시 군사를 동문으로 모으니 적이 감히 전진하지 못했다. 또 적이 북문으로 회군하므로 수성군이 일제히 포를 터뜨려 두어 시간 동안 접전한 끝에 적병 십여 명이 죽어 넘어지자 마침내 퇴군하여 곧장 서문으로 몰려왔다. 서문 수장 이시민이 두어 시간 동안 교전하니 적은 퇴군하여 산에 올라 멀리서 바라보며 포로 대응할 뿐이었다. 성중의 백성들은 앞을 다투어 술과 고기를 가지고 와서 권하였다. 이날 밤에 진을 엄밀히 결속하여 대치하였다. (《정토일록》, 1896년 5월 10일)

경주군수 이현주가 지휘하는 관군은 동문 공격을 시작으로
북문과 서문을 차례로 공격하였으나 모두 실패하고 후퇴하였
다. 이와 같이 관군은 1차 공격 후 물러났으나 이튿날 새벽부터
다시 공격하기 시작하였다. 5월 11일(양 6월 21일) 새벽부터 관군
의 2차 공격이 시작되었다. 김하락의 《정토일록》에는 관군의 2
차 공격을 다음과 같이 기록하고 있다.

11일. 새벽녘에 적이 사대문을 포위하고 마구 탄환을 터뜨
렸다. 사대문의 수비병들이 힘을 다해 포로 대응하여 여러 시
간 동안 혼전이 벌어진 끝에 적병으로 죽은 자가 20여 명이었
고, 우리 군사는 한 사람도 상한 자가 없었다. 적병이 연일 이
익을 보지 못한 채, 석양에 이르자 스스로 어찌할 수 없음을
깨닫고 마른 섶을 북문에 운반하여 장차 불을 놓으려 하였다.
우리 군사가 일제히 포를 터뜨리니 적은 섶을 버리고 달아나
므로 즉시 문을 열고 나가 추격하여 죽인 적병이 매우 많았
다. 적은 마침내 서장대西將臺로 달아나면서 멀리서 포로 대
응할 뿐이었다. 이때 군중에 탄약이 떨어져 감으로 본부 화약
고에 들어가 본즉, 남아 있는 건 모두 검은 흙덩이 뿐이다. 필
시 본 부윤이 미리 실어간 모양이다. 이날 밤에 군의 실정이
흉흉하여 여러 장수들이 와서 답답한 사정을 고하므로 나는
각 군막을 순회하며 효유曉諭하고 형세를 관망하여 함께 후
퇴하기로 하였다.   《정토일록》, 1896년 5월 11일)

관군의 2차 공격에 대해 의병들의 대응은 매우 성공적이었다. 그러나 화약이 떨어진 의병진은 곤란에 빠졌다. 김하락은 각 군막을 순회하며 형세를 관망하여 후퇴하기로 하였지만, 이미 사대문을 지키던 수비병들도 다수 도망하였다. 5월 12일(양 6월 22일) 새벽 2시부터 13일까지 이어진 관군의 3차 공격이 시작되었다. 김하락의 《정토일록》에서는 관군의 3차 공격을 다음과 같이 기록하고 있다.

12일. 새벽 2시 경에 포군 배인도襄仁道가 급히 고하기를, "각 문의 병졸이 모두 도망갔다."고 한다. 나는 즉시 사대문을 순회한즉, 남아 있는 병졸이 4개 부대에 불과하였다. 즉시 병졸을 분배하여 사대문 및 군막을 지키게 하였는데, 동문에 가는 도중에 적병이 크게 외치며 "너의 도망병으로 죽은 자가 7명이다. 곧 시체를 거두어 가라." 하고, 마침내 포를 터뜨리며 달려왔다. 이때 나는 홀로 동문에 있어 별다른 계책이 없어 어찌할 수가 없었다. 직접 포 한 발을 터뜨리고 지휘하는 모양을 하고 있는데, 때마침 포군 한 사람이 와서 포 두 발을 연발하여 적병 두 명을 죽여 넘어뜨리니 적이 크게 놀라서 급히 물러갔다. 그러나 나중에 우리 군사가 탄약이 떨어진 것을 알고서 다시 와 성을 공격하므로, 사대문의 파수병이 죽을힘을 다하여 종일토록 접전하였다. 죽은 적병이 20여 명이었고, 적은 드디어 퇴군해 갔다. 즉시 돼지 두 마리를 사서 군을 먹였

는데, 날은 이미 저물었다.   《정토일록》, 1896년 5월 12일)

　경주연합의진에서 사대문을 수비하던 병사들이 다수 도망하
였고, 남은 병사들은 4개 부대에 불과하였다. 더구나 탄약이 떨
어졌다는 사실을 안 관군의 공격은 집요했다. 관군의 3차 공격
에 대응하여 의병들은 죽을힘을 다해 싸웠다. 김하락은 관군 20
여 명이 죽었고, 관군은 물러났다고 했지만, 연합의진은 손실을
많이 입었다. 이날 밤 10시경에 김하락은 조성학·이채구·홍병
태 등과 함께 남은 병사들을 이끌고 동문을 통해 탈출하였다.
　5월 13일(양 6월 23일)까지 이어진 이 전투에 대해 《동경조일
신문》은 관군과 대구에서 증파된 일본군 수비대의 공격에 대해
다음과 같이 보도하였다.

　23일, 한병韓兵은 응원병應援兵의 내원來援에 의해 세勢 득
得해 오후 8시 동남東南의 2문에서 성내에 침입해 일제히 사격
을 가하고 드디어 군수郡守 등과 함께 성내에 들어가 적도를 완
전히 격퇴하였다. 이 전투에서 적의 사자死者 삼십 명, 생금자
生擒者 다수인데 총살하였다. 그 전리품은 포 42, 총 500, 마馬
40두이다.　　　　　　　　　　《동경조일신문》 1896년 7월 3일자)

　경주군의 관군은 대구에서 증파된 일본군 수비대와 함께 경

주성을 회복했다. 이때 일본군은 의병측 전사자가 30여 명이었다고 파악하였다. 그리고 생포된 수많은 의병을 총살하였으며, 전리품 다수를 획득한 것으로 보고하였다.

경주성을 탈출하는 과정에서 김하락은 탄환 5발을 맞았고, 포와 총, 그리고 말 등의 군수품을 모두 잃고 말았다. 경주연합의진은 안강安康의 고성구까지 퇴각하여 달성점達城店을 거쳐 기계杞溪로 이동하였다.

4. 경주성에서 물러나다.

5월 13일(양 6월 23일) 경주성에서 물러난 연합의진은 달성점에서 흩어진 군사들을 재편성하고, 기계에 도착하였다. 그리고 5월 14일 우각愚覺, 5월 15일 흥해興海, 5월 16일 청하淸河, 그리고 5월 19일 영덕盈德 장사동長沙洞을 거쳐 5월 22일(양 7월 2일) 영덕읍盈德邑에 도착하였다.

5월 13일 경주성을 탈출한 김하락이 달성점에 도착했을 때, 여러 장령들이 먼저 도착하여 기다리고 있었다. 즉시 흩어졌던 군사를 모아 진영을 6개 부대로 재편성하고, 대장기大將旗를 세우고 기계로 이동하여 유숙하였는데, 흩어졌던 병사들이 차례로 모여 들었다.

뿐만 아니라 의성의진에서 참여했던 오혁주吳赫周는 휘하의 군사를 거느리고 부대를 이탈하였다. 이에 포군을 보내 오혁주를 잡아들인 김하락은 군율에 따라 처단하자는 좌우의 권유에도 불구하고 설득하여 운량관運糧官으로 파견하였다.

5월 14일(양 6월 24일) 기계에서는 기계면 소모장 이종흡이 군사를 소모하여 왔으며, 5월 15일 우각에서는 동화면 소모장 이준구가 휘하 군사들을 이끌고 왔다. 이종흡과 이준구는 경주연합의진 결성 뒤 김하락이 기계면과 동화면으로 소모를 위해 파견했던 유생들이다.

5월 15일(양 6월 25일) 흥해군에 도착한 김하락은 호장戶長·수리首吏·수교首校를 위무하는 한편, 흥해군 군기고의 화약과 철환을 추심推尋하였다. 그리고 흥해에서 소모한 군사 2대를 무장시켜 흥해의진興海義陣을 결성토록 하였다. 그리고 양만춘楊萬春을 포군령砲軍領으로 삼아 지휘토록 하였다. 또 청하군에서는 청하의진淸河義陣의 군사 30명을 중군 안만근安萬根에게 맡겨 통솔하게 하였다. 흥해의진과 청하의진의 구체적인 모습은 알 수 없지만, 경주연합의진이 이 지역에 들어가 활동하는 과정에서 조직된 의병진이었다.

또 5월 18일(양 6월 28일) 청송의진이 청하에 들어와 합류하였다. 청송의진은 일찍이 주변의 각처 의병진에 척후를 파견하거나 사통을 주고받으며 협조체제를 구축하고 있었다. 특히 영덕의진과 청송의진은 군사적으로 협력관계를 유지하면서 "일이

급하면 서로 돕는다."는 약속을 하고 있었다. 이리하여 청송의
진은 흥해와 영덕에 출진소出陣所를 설치하였다. 흥해출진소는
청송의진이 3월 27일(양 5월 9일) 도총 남승철南昇喆, 선봉 홍병
태, 우방장 윤정우尹楨禹 등으로 하여금 포정 4초(약 70여 명)를
흥해로 파견하여 군사를 소모하기 위해 설립한 것이었다. 청하
군에서 김하락에게 합류한 부대는 청송의진의 흥해출진소였다.

이와 같이 김하락이 영덕으로 이동하는 과정에서 흩어졌던
병사들이 차츰 합세해 왔고, 각처에서 소모 활동을 하고 있던
부대들도 합류해 왔다. 특히 주목되는 것은 흥해의진과 청하의
진이 결성되어 연합의진에 참여하였고, 청송의진에서 흥해로 파
견되어 소모활동을 벌이던 홍병태가 지휘하던 흥해출진소도 연
합의진에 합세한 점이다. 그리고 새로이 의병을 모집하는 한편,
탄약 등 군수품도 수집하여 의병진을 다시 정비하였다. 5월 19
일(양 6월 29일) 영덕의 장사동에 도착하였다.

VII. 영덕연합의진의 결성과 영덕전투

1. 영덕연합의진을 결성하다.

김하락이 영덕에 도착한 것은 5월 22일이었다. 김하락은 영덕읍의 장교청將校廳에 진영을 설치하고 이천의진을 비롯한 연합의진에 참여했던 부대를 비롯하여 새로 참여한 청송의진의 흥해출진소·흥해의진·청하의진 등의 부대를 정비하였다. 한편, 김하락이 영덕읍에 도착하자 영덕의진의 의병장 신돌석申乭石이 합세하였고, 나아가 영덕지역에서 군사 백여 명을 모집하기도

하였다.

김하락이 부대를 정비하고 군사를 모집하는 과정에서 흥해를 거쳐 영덕으로 북상하는 관군에 대비하여 부대를 영덕 일원으로 다시 배치하였다. 김하락의 《정토일록》에 따르면 배치 상황은 다음과 같다.

25일. 이상태·이종흡·장상홍에게 2개 부대의 군사를 인솔하고 청하淸河로 떠나 보냈다. 소모장 황성학·안만근에게 2개 부대의 군사를 주어 흥해로 보내고, 소모장 이채구·이준구·홍병태에게 5개 부대의 군사를 주어 영해盈海로 보내고, 본진과 합세한 청송진은 영덕진과 합세하여 흥해로 떠나게 하였다. 나도 즉시 행군하여 40리를 가서 축산丑山에 진을 머물렀다.

(《정토일록》, 1896년 5월 25일)

즉 5월 25일(양 7월 5일) 김하락은 이상태·이종흡·장상홍을 청하, 소모 황성학·안만근을 흥해, 소모 이채구·이준구·홍병태를 영해로 보내 소모 활동을 전개하는 한편, 북상하는 관군에 대비하였다. 그리고 김하락 자신도 영해로 이동하던 중 축산에 진영을 설치하였다.

5월 27일(양 7월 7일) 영해의진寧海義陣의 선봉장과 우익장이 찾아와 합세할 것을 요청하였다. 이틀 전 영해로 파견되었던 이채구가 김하락의 상황을 알렸기 때문이다. 김하락은 이들과 함께 영해로 들어가 장교청에 진영을 정했다. 영해의진은 1896년 2월 11일(양 3월 24일) 병곡柄谷·창수蒼水·축산丑山·영해면 일원의 유생들이 창수면에 모여 조직한 의병진이다.

5월 29일(양 7월 9일)에는 안동의진의 전군前軍 류시연柳時淵이 6개 부대 군사를 거느리고 와서 합세하여 함께 안동부로 들어가자고 요청하였다. 6월 1일(양 7월 11일)에는 영해의진의 중군에게 이천의진에 합세할 것을 권유하였다. 영해 본진에서 듣지 않았으므로 김하락은 빨리 기병할 것을 촉구하였다. 이때 영해 본진의 척후가 와서 관군 3백 명이 흥해를 격파하고 영덕으로 진입하였다고 하였다. 이에 김하락은 류시연에게 함께 영덕으로 가서 적을 토벌하고 안동으로 가자고 하였다. 그러나 류시연이 응하지 않았으므로 그를 군문에 붙였다. 김하락의 《정토일록》에서는 이 사실을 다음과 같이 기록하고 있다.

류시연을 불러들여 "너도 또한 함께 영덕으로 가서 적을 토벌한 뒤 함께 안동부로 들어가자."고 명하였으나 류시연은 뜻을 굽히지 않고 회피하였다. 이에 군문을 마련하고 죄를 따져 "네가 이미 의병장이 되어서 적만 만나면 회피하고, 오직 잔민殘民만 약탈하니 죄를 용서할 수 없다." 하고 끌고 나가서 행형行刑하게 하니, 류시연은 어찌할 바를 몰랐다. 그 나이를 물으니 겨우 24세라고 하므로 "연소年少하니 면죄하라."고 하였다. 여러 군인들이 모두 말하기를 "적을 회피하는 자가 무기는 무슨 소용이 있느냐." 하고 곧 총과 칼을 빼앗고서 축출하였다. 류시연이 다시 와서 간청하므로 무기를 도로 주고 좋은 말로 효유曉諭하여 보냈다.   《정토일록》, 1896년 6월 1일)

류시연은 안동의진이 태봉전투에서 패한 이후 각처를 전전하며 군수품을 수집하는 등 의병활동을 전개하고 있었다.

6월 1일(양 7월 11일) 김하락은 영덕으로 북상하는 관군에 대응하기 위해 이채구·이준구·홍병태에게 정병 1백여 명을 주어 영덕으로 출발시켰다. 그리고 자신은 6월 2일 영덕으로 진격하기로 하였다. 영덕으로 가기 전날 밤 김하락은 다음과 같은 꿈을 꿨다.

6월 초1일. ……이날 밤에 나는 꿈을 꾸었는데, 한 늙은이가 와서 말하기를, "내일 아침 대장기가 땅에 떨어지면 네 목숨이 다 된 줄로 알라."고 하였다. 놀라 깨어나니 심신이 황홀하였다.
초2일. 이른 아침에 조성학이 장막으로 들어오기에 나는 꿈 이야기를 했다. 조 장군은 "이는 흉몽이니 행진을 하지 말자."고 하였다. 나는 이르기를 "내 기의起義한 지 1년이 되었으나 한갓 생민生民에 고초苦楚만 끼치고, 우리 성상聖上의 잠 못 이루는 근심을 위로하지 못하였기에 항상 생각이 초조하고 근심하여 한 칼로 적의 배를 가르지 못한 것이 한이거늘, 하물며 실상이 없는 꿈 때문에 적을 보고서 퇴진한단 말인가. 또 죽고 사는 것이 명에 있으니 무엇을 한탄하랴. 내가 비록 단명하더라도 그대는 이로써 의기를 상실하지 말고 대사를 스스로 책임지고 신민의 의무를 다하기 바란다." 하고, 드디어 군사를 재촉하여 행진하였다. (김하락,《정토일록》, 1896년 6월 1일~2일)

김하락의 《정토일록》은 여기에서 끝을 맺고 있다. 김하락도 자신의 죽음을 예견했던지, 간밤의 꿈을 이천의진의 도총장이자 이종사촌 동생인 조성학에게 이야기하며 뒷일을 부탁하였다. 그리고 영덕으로 출발하였다.

2. 불굴의 의병장 — 별이 떨어지다.

경주성을 떠난 경주연합의진이 흥해읍에 도착한 5월 16일(양 6월 26일)부터 장맛비가 시작되었다. 장맛비로 광풍이 몰아치고 강물이 범람하는 상황에서 김하락은 영덕을 향해 출전하였다. 출전을 만류하는 도총장 조성학의 간곡한 청원을 뿌리치고 말머리를 재촉하였다. 영덕을 중심으로 각처 의병진이 모여 들고 있었지만. 아직 연합의진이 진영을 채 갖추기도 전에 북상하는 관군을 향해 출정을 하게 되었다.

6월 3일(양 7월 13일) 관군 수백 명이 일시에 공격해 왔다. 김하락은 종일토록 벌인 교전에서 많은 관군을 죽였고. 관군은 사방으로 흩어졌다. 김하락이 거느린 연합의진의 승리였다.

6월 4일(양 7월 14일) 정오경 폭우 속에서 관군의 공격이 다시 시작되었다. 폭우로 천지는 캄캄하고 주변은 물바다가 된 상황에서 최후의 전투가 시작되었다. 이때의 상황을 《정토일록》에서는 다음과 같이 기록하고 있다.

> 그 이튿날은 바로 6월 4일이었는데, 오후에 폭우가 갑자기 쏟아졌다. 척후병이 급히 와 보고하기를, "병정 수백 명이 수륙水陸으로 밀려들어 기세가 비바람과 같다."고 하였다. 여러 군사들이 서로 돌아보고 벌벌 떨며 포 한 발도 쏘아 보지 못하고 사방으로 흩어져 달아났다. 소리쳐 만류해도 금할 수 없으므로, 공은 분연히 말을 타고 나가니 뒤를 따른 자가 불과 수십 명이었다. 포탄을 무릅쓰고 달려 나아가 좌우로 충돌하다가 연이어 탄환 2발이 좌우 갈빗대에 명중하였다. 큰 소리로 하늘을 향해 부르짖으며 "우리 5백 년 예의 나라가 견양犬羊과 같은 섬 오랑캐에게 먹힌단 말이냐. 아! 우리 수천만 민족이 과연 희생의 참혹을 면하지 못한단 말이냐. 나 차라리 어복魚腹에 장사 지낼지언정 살아서 왜적 놈들에게 욕을 당하지

영덕 오십천 남천쑤 전투지

않겠다." 하고, 곧 강에 몸을 던져 죽으니 따르던 군졸들도 동시에 물에 빠져 죽었다.　　　(김하락,《정토일록》, 1896년 6월 4일)

폭우 속에서 관군과 맞서 최후의 결전을 벌이다가 탄환 두 발을 맞고 상처투성이 몸을 가누다가 강에 던져 죽음을 택한 김하락의 마지막은 참으로 장엄하였다. 차라리 죽음을 택할지언정 '왜적 놈들에게 욕을 당하지 않겠다'는 그의 결기는 숙연한 마음으로 옷깃을 여미게 한다.

이천수창의소의 대장으로 창의의 기치를 든 지 약 7개월 만인 6월 4일 그 종지부를 찍는 장렬한 순간이었다. 그의 사위 정웅은 〈해운당김공행록〉에서 다음과 같이 그의 죽음을 기렸다.

선생은 남북천리의 먼 지역에 전전용투轉戰勇鬪하였으나 , 마침내 천하에 대의大義를 펼치지 못하고 세궁진력勢窮盡力하여 강류江流에 투신 순국하였다. 영덕군 강구항江口港에 있는 손치원孫致元이 선생의 시체를 건져 해안海岸에 매장하였다.

〈해운당김공행록〉

3. 이천의진, 각처를 전전하다.

김하락이 영덕에서 관군과 격전을 준비하고 있다는 풍설이 인근 의병진에 전해졌다. 이때 영양의병장 벽산 김도현은 영양에서 울진과 평해를 거쳐 영해읍에 들어와 이천의진의 김하락이 영덕에서 관군과 싸우고 있다는 소식을 들었다.

또 떠나서 영해읍으로 들어가니 큰 비가 와서 물이 넘친다. 광주장廣州將 김하락이 바야흐로 영덕에서 접전하고 있다고 성 안에서 사자使者가 와서 길에서 부탁한다. 이튿날 일찍 떠나 큰 내를 건너 웅창가熊倉街에 이르니 흩어진 포병砲兵 수백 명이 산으로 가득히 와서 말하기를 "광주진이 이미 패했다."고 한다. 나는 군사를 돌이켜 칠성동七星洞으로 들어가 캄캄한 밤에 비를 무릅쓰고 남씨南氏 집으로 가서 잤다.

《벽산선생창의전말》

김도현은 김하락이 영덕에서 싸우고 있다는 소식을 듣고 영덕으로 가던 중, 이미 김하락의 이천의진이 패했다는 소식을 듣고 군사를 돌렸다.

김하락이 투신 순국한 뒤, 이천의진의 잔여 병사들은 영덕의 서북지역인 영해·청송·영양 등지로 흩어져 의병활동을 계속하였다. 이들은 독자적으로 활동하기도 했고, 주변지역에서 활동하던 영양의진이나 안동의진, 그리고 청송의진과 힘을 합쳐 관군의 추적에 대응하기도 하였다. 김도현의 《벽산선생창의전말》에서는 이천의진의 잔여 병사들이 각처를 전전하며 활동하는 상황을 기록하고 있다. 그 가운데 하나를 보면 다음과 같다.

이튿날 광주진廣州陣과 안동진安東陣의 장관將官들과 포졸 백여 명을 만나 광주진 김광수가 간 곳을 물으니 혹 말하기를 "물가에서 들으니 내가 거느린 군사 수백 명과 함께 창수원蒼水院 등지로 들어갔다."고 한다. ……여러 진의 모든 장수들과 의논하고 힘을 합해서 영양읍에 머물러 있는 적의 병대들을 사로잡자 했으나 안동과 광주 2진은 장수가 없는 군사라 하여 이를 듣지 않고 석포石浦를 거쳐 청송 등지로 갔다고 한다.

(김도현, 《벽산선생창의전말》)

위 기록은 이천의진이 안동의진과 함께 영덕 창수와 영양 석포를 거쳐 청송으로 들어가고 있는 상황을 기록한 것이다.

4. 이천의진, 청송 화장동에서 크게 패하다.

이천의진은 6월 4일(양 7월 14일) 영덕전투 이후 청송으로 들어가 6월 8일쯤 화장동花場洞, 청송군 부남면 화장동에서 관군과 싸웠으나 패하고 말았다. 청송의진의 의병장 조성길趙性吉이 남긴 〈병신년창의기丙申年倡義記〉에서는 이 화장동전투花場洞戰鬪에 대해 다음과 같이 기록하고 있다.

그날로 군사를 돌이켜 청운靑雲에 유진留陣하고 있는데, 갑자기 이천진이 화장동에서 패하여 가히 몰사沒死하였다고 함으로 이날 밤 즉시 화장동으로 향하여 나아갔다.

(〈병신년창의기〉, 《백운시고》)

화장동전투지
화장저수지에서 본 화장3교와 화장동 원경이다. 청송군 부남면 화장동 소재.

　화장동 전투지는 화장저수지가 축조되면서 화장3교 앞에 있던 도깨비다리와 건너편 큰바위도 철거되어 현재 모습으로 바뀌었다. 화장동에 사는 고령의 장위선 씨도 관련 사실을 전해 주었는데, 영덕에서 장수를 잃고 패한 이천의진이 영덕 창수와 영양 석포를 거쳐 이현리에서 질고개를 너머 화장동 도깨비다리를 건널 때 건너편 큰 바위에 숨어 기다리던 일본군의 공격을 받고 이천의진의 의병 50여 명이 몰사하였다고 한다.

화장동전투 이후 이천의진은 안동의진의 류시연과 함께 영양으로 들어가 김도현과 합세하고자 했다. 이들은 울령鬱嶺, 영양 양구리와 영덕 창수리를 잇는 울치재과 옥령玉嶺, 영양 울진 온정을 잇는 珠峴, 혹 구슬령을 넘어 영양읍으로 들어갔다. 이들을 이끌 대장이 없었던 이천의진은 각처에서 소모 활동을 벌였다. 이 소모 활동은 거의 민가에 민폐를 끼치는 것에 가까웠기 때문에 안동의진이나 영양의진에게 배척받는 계기가 되었다.

이튿날 류시연과 함께 주곡注谷으로 가서 하룻밤 잤다. 그날 2진 군사들이 도구道邱에 와서 잤다기에 이튿날 군사를 거느리고 도구로 내려가 보니 2진 군사들은 이미 떠나서 부府로 들어갔다 한다. 저녁 무렵 주현에 이르니 광주의 종사從事가 군사 30명을 거느리고 나를 맞으러 왔다. 이에 말을 돌려 함께 부로 가는데 헛된 정보가 있어 잠시 쉬었다. 이천의 좌군左軍 이희두李熙斗가 들어가 보고 몇 마디 말을 한 뒤에 일어나 장거리로 나가 보니 좋지 못한 공기가 거리에 퍼져 있었다.

나는 주현 아래 주막에 숙소를 정했다. 밤에 들으니 이천의 포졸이 수월水月 안순천安順天의 집에 폐를 끼친다 하기에 나는 군사를 거느리고 가서 타일러 시끄러움을 피우지 못하게 하고 아침에 읍으로 올라왔다. 아침밥을 먹은 후에 안동 도총都總 김하림金夏林이 말하기를, "이천 군사와는 반드시 합칠 필

요가 없다." 하였다.   (김도현,《벽산선생창의전말》)

　대장을 잃은 이천의진의 장졸들은 각처를 전전하다가 영양
의진의 김도현과 합세하고자 하였으나 소모 활동 중 끼친 민폐
가 알려져서 결국 배척되고 말았다. 그 뒤 이천의진은 독자적인
활동을 하면서 경기도로 귀향한 것으로 보인다.

Ⅷ. 김하락 일가의 만주 망명

1. 유해, 충남 서천으로 반장하다.

이천수창의소 창의대장 해운당 김하락이 1896년 6월 4일(양 7월 14일) 영덕 오십천에 투신하여 생을 마감한 뒤, 그 유해는 영덕 강구에 사는 유지 손치원孫致元과 한규열韓奎烈 등이 수 습하여 해안에 매장하고 분묘를 만들어 수호하였다. 1914년 3 월 딸 김영규金榮奎와 사위 정웅鄭雄이 충남 서천으로 반장하 였는데, 정웅은 〈해운당김공행록〉에서 그 정황을 다음과 같이 기록하고 있다.

　　선생이 죽던 해에 그 아들 병우가 5살이었고, 그 딸 영규는
뒤에 정웅에게 출가하였다. 그 뒤 갑인년甲寅年(1914)에 영규가
나와 함께 수백 리 길을 걸어 유해를 충남도 서천읍 남산 축향
원丑向原에 반장返葬하였다. 선생의 선대 세계世系와 저작한 문
적文籍은 그 뒤에 다 유실되었고, 천행으로 자필로 쓴 의병을
일으킨 시초부터 정전征戰한 일기가 그 당시 부하로 따라 다니
던 막좌幕佐, 名不詳의 상자 속에서 나온 것을 읽고서 옛 자취
를 더듬어 그 의기義氣를 추념追念하고 흐르는 눈물을 금치 못
할 뿐이다.　　　　(金奎聲 譯,《義兵大將 海雲堂 金河洛征討日錄》, 1968)

　　위의 기록은 김하락의 진중일기인《정토일록》이 세상에 전해
지게 된 유래이다. 또 영덕 강구의 유지 한규열은 〈의매씨전상
답서義妹氏前上答書〉에서 김하락의 유해를 수습하게 된 경위를
다음과 같이 기록하고 있다.

　　그 지방은 본군本郡 영덕면盈德面 강구항江口港이라 명칭하
는 곳으로서 그렇게 참악慘惡한 경색景色을 그저 보고만 있을
일이 아니기로, 본동本洞으로부터 급급히 강두江頭에 나가서
구제할 방침으로 본동에 거거居居하는 손치문孫致文을 최촉催促

하여 사생死生을 불고不顧하고, 도도滔滔한 물결 속에서 번개 같이 뛰어들어 희여희여 떠나가서 근근히 시체를 붙들어 잡고 돌아 나와 강두에 옮겨놓고 나니 그 사람도 역시 일반 의무義務가 있어서 그러했지만 죽은 시체를 구제하다가 사중구생死中求生하는 일이 더욱 갸륵하고 기이하다. 그제야 창황蒼黃한 정신을 수습하야 우선 시체를 차차로 검사하니 전후좌우에 살 맞은 흔적이 가위可謂 백공천창百孔千瘡이라. 거주씨명居住氏名을 확적히 모르기로 줌치(주머니의 충청도 방언-필자 주)를 끌러서 호패를 내어보니 그 글에 썼으되 충청북도 제천대장堤川大將 김모金某씨라 기재하였거늘, 의심 없는 증명이 그 위에 더하리요. (한규열, 〈의매씨전상답서〉)

한규열의 글에서는 강구 사람 손치문이 강물에 떠내려 온 유해를 수습하였다는 것과 시신은 화살 맞은 흔적이 너무 많았다는 점. 김하락의 유해라는 것을 호패로 확인하였다는 것을 밝히고 있다.

1914년 3월에 딸 김영규가 그 아버지의 유해를 수습하고자 강구의 한규열을 찾아 갔다. 학생으로 단발斷髮하고 맥모자麥帽子로 변장한 딸 김영규는 "나는 제천堤川 김대장金大將의 유복자 김인종金仁宗으로 부친반구父親返柩하려 왔다."고 자신을 소개하였고, 효성에 감복한 한규열은 김영규와 의매義妹를 맺

의병장 김하락의 묘
대전 국립현충원 소재.

게 되었다.

충남 서천에 있던 김하락은 1982년 건국훈장 대통령장이 추서되어 대전국립현충원에 안장되었다.

2. 가족, 만주로 망명하다.

1914년 3월 딸 김영규는 남편 정웅과 함께 아버지 김하락의 유해를 충남 서천으로 반장한 뒤, 일제의 박해를 피해 각지로

전전하다가 충남 연기군燕岐郡 전의읍全義邑에 살고 있는 송기
준宋基俊 씨 댁에서 3년 동안 의탁하여 살았다. 송기준 씨 댁은
임진왜란 때 동래부사로 순절한 천곡泉谷 송상현宋象賢의 종택
으로, 이들이 의병장 김하락의 유족이라는 사실을 알고 구호의
손길을 준 것이다.

이들이 전의에 살고 있을 때, 아버지 김하락의《정토일록》을
정리하고, 영덕 강구에 살았던 한규열이 보낸 편지 2통을 소중
히 보관하였다. 이 자료를 1968년 김규성金奎聲이 번역하여《의
병대장 해운당 김하락정토일록》으로 간행하였다. 그 사실을 다
음과 같이 전하고 있다.

> 그들은 거기 살고 있는 동안 비장秘藏하고 있던 이 일록日
> 錄을 다시 길이 11센티·가로 7센티의 역 50매의 소책자에 깨
> 알같이 정사精寫하여(책이 크면 일경에게 발각되기 쉽고, 또 보관이
> 불편하다는 것이다) 간직하고, 또 김 대장이 영덕에서 순사殉死
> 한 뒤, 그 유해를 거두어서 가매장하여 지성으로 수호하여 왔
> 고, 그 뒤 영규 부부가 반구하러 갔을 때 모든 것을 성심껏 보
> 살펴 주던 강구의 애국동지인 한규열씨로부터 보내온 장문의
> 편지 2통도 같이 소중히 진장珍藏하고 있었던 것이다.
>
> (김규성 역,《의병대장 해운당 김하락정토일록》, 1968)

김영규 씨 부부와 아들 김병우는 1917년 겨울 만주로 떠나면서 송기준 씨 부인 이대길李大吉 여사에게 《정토일록》과 한규열이 보낸 편지 두 통을 맡겼다. 그리고 다음과 같이 간청하였다.

우리는 지금부터 만주 김좌진金佐鎭 장군에게로 가겠으나이 문적文蹟은 가지고 갈 수도 없는 형편이니 형님께서 잘 간직하셨다가 나라가 회복되어 천행으로 우리가 고국에 생환하면 도로 돌려주시고, 그렇지 못하면 우리 아버지가 의성김씨라 하니 우리 동성同姓 의성김씨를 찾아 전해 주셔서 후세에라도 이 같은 살신순국殺身巡國한 공적을 동포들에게 알려주시기 바란다.　　　　　《의병대장 해운당 김하락정토일록》, 1968)

이대길 여사는 이 자료들을 50년 동안 소중히 간직하였다. 광복 후 김영규 씨 부부는 돌아오지 않았고, 1968년 현재 81세의 고령으로 더 이상 기다릴 수 없어 일록과 서찰을 아들 송갑종宋甲鍾에게 주어 의성김씨를 찾아 전하도록 하였다. 그리하여 의성김씨종친회 김창목金昶穆 씨를 거쳐, 다시 국사편찬위원회 김규성 씨에게 전해졌다. 1968년 의성김씨인 김규성 씨는 이 일록과 서찰을 편역하여 《의병대장 해운당 김하락정토일록》이라는 소책자를 간행하였다.

김하락의 아들 김병우는 남만주의 길림성 용강이라는 곳에서 살았다고 한다. 그는 두 아들을 두고 있었다. 이들을 북경에서 상봉했던 김상락 선생의 이야기를 들으면, 김병우가 어떻게 살았고, 무슨 일을 했는지 모른다. 다만 김하락의 증손자들에게 들은 이야기에 따르면, 딸 김영규가 해방 전 동생을 만나기 위해 용강에 찾아 왔었다고 한다. 증손자의 기억으로는 김병우가 간직하고 있던 국왕의 칙서勅書를 달라 했다고 한다. 당시 김영규가 하와이로 이민 가면서 "나라를 찾게 되면 아버지의 행적을 밝히기 위해서 칙서를 가져간다."고 했단다. 그러나 돌아가는 도중에 김영규는 기차에서 일제경찰의 검문에 걸려 이 칙서를 강물에 버렸다고 한다.

김병우가 독립운동에 참여했을 가능성도 있다. 김영규와 함께 만주로 갈 때 당시 만주에서 독립운동을 하고 있던 김좌진 장군을 찾아간다고 했던 점과 김병우가 서로군정서나 청산리전투가 있었던 남만주 용강에 거주했었기 때문이다.

실제로 김병우金秉宇란 이름을 가진 사람이 1991년 건국훈장 애국장을 받았는데, 본적은 미상이고 주소는 훈춘현琿春懸 십리평十里坪이다. 1893년 태어난 사람이기에 비교하면 거의 비슷한 시기에 태어났다. 《독립유공자공훈록》(1991)에 따르면, 공적조서는 다음과 같다.

길림성吉林省 연길현延吉縣에서 독립운동단체에 가입하여

양식 공급 및 가옥건설에 종사하면서 정보연락 활동을 하다
가 일군에게 붙잡혀 1920년 10월 22일 십리평에서 총살·순국
하였다.

국가보훈처에서도 유공자를 발굴하는 과정에서 후손이 확
인되지 않아 훈장을 전수하지 못하고 있는 독립유공자가 있다.
나이로 볼 때 같은 인물일 가능성도 있다.

3. 후손들의 거취를 찾아서

1968년 김규성은 일록과 서찰을 편역하여 《의병대장 해운당
김하락정토일록》을 간행하면서 책머리에 이 자료가 전해진 내
력과 그 가족들의 망명을 상세히 기술하였다.

김하락의 딸 김영규는 1917년 만주로 들어갔다. 그때 김영규
는 32세였고, 아들 김병우는 26세였다. 이들은 일제의 감시 아
래 국내에서는 더 이상 살기 어려워 만주로 떠났지만, 광복 후
돌아오지 못했다. 물론 그간의 행적도 알려진 바 없다.

지금부터 15년 전쯤 대구에 거주하는 김상락 선생께서 중국
을 여행하며 북경에서 김하락의 증손자 3형제를 만났다. 김 선
생은 김하락과 같은 의성김씨 집안으로 고향이 의성읍 비봉동
출신이다. 그는 고등학교 교사로 정년을 마치고 현재 대구에 거

주하고 있다. 김하락이 비봉산전투 이후 각처를 전전하다가 경주 인비로 내려갈 때, 실업동에서 포군으로 자원했던 김호길金好吉의 손자이기도 하다. 김호길은 김하락과 같은 원당3리 출신으로, 후일 비봉리의 순천장씨와 결혼한 뒤에도 그 후손들과 그곳에서 살았다.

김상락 선생은 2005년쯤 백두산 관광을 위해 북경을 지나가던 중, 중국에서 우리 동포의 연락을 주선하고 있던 모 목사님의 소개로 김하락의 증손자들을 만났다고 한다. 그 뒤 김 선생의 초청으로 증손자들이 한국에 들어와 거의 6개월 정도 김상락 선생의 집에서 생활했다고 한다. 그 뒤 일자리를 찾아 떠난 뒤 지금은 연락이 끊어진 지 오래되었다. 김 선생도 지금 87세의 고령이라 이들의 이름조차 기억하지 못하고 있다.

얼마 전 이 책을 쓰고 있던 필자는 우연히 의성문화원 원장을 역임했던 김홍배 선생으로부터 그 증손자들이 현재 수원의 모 공장에서 일하고 있다는 이야기를 들었다. 곧 만날 계획을 세워 놓고 있지만, 그 이름이나 일하고 있다는 공장을 알지 못하니 언제가 될지 모르겠다.

IX. 이천수창의소의 창의장
해운당 김하락의 의병전쟁

　해운당 김하락은 경기도 이천에서 결성된 이천수창의소의 창의장이다. 그는 경북 의성에서 태어나 일찍이 서울에 올라가 활동하였던 유생이다. 1895년 11월 17일(양 1896년 1월 1일) 이천군 이현으로 내려가 이천군 화포군으로 의병부대를 편성하고, 12월 3일(양 1896년 1월 17일) 안성의 민승천을 창의장으로 추대하여 연합의진 이천수창의소를 결성하였다.

　이천수창의소 각군도지휘를 맡은 김하락은 서울과 경기도 일원의 유생 및 관료들을 주축으로 의병부대를 편성하고 일본군 수비대의 공격에 대비하였다. 1월 18일 백현전투에서 크게 이겼으나 12월 29일(양 2월 12일) 이현전투에서는 대패하였다. 1896년 1월 3일(양 3월 13일) 남한산성에서 연합의진 남한산성의진을 결성하였다. 2월 3일(양 3월 13일)부터 열흘 동안 벌어진 관군과의 전투에서 남한산성의진은 큰 승리를 거둔 뒤, 최초로 서울진공작전을 수립하였다. 그러나 2월 27일(양 4월 3일) 관군의 공략으로 연합의진이 패퇴하면서 서울진공계획은 중단되고 말았다.

김하락은 구연영·신용희·김태원 등의 간청으로 2월 25일(양 4월 7일) 이천의진 대장으로 추대되었다. 김하락을 비롯한 이천의진의 지휘부는 1백여 명의 군사를 이끌고 영남지방으로 이동하였다. 4월 9일 이천을 출발하여 여주·흥원·백운산·제천 등을 거쳐 3월 2일(양 4월 14일) 경북 풍기에 도착하였다. 김하락은 조성학을 다시 영입하여 제군도총장으로 삼았다. 그리고 호좌의진에서 파견된 소모장 서상렬을 비롯하여 경북 북부지역의 각처 의병진과 연합의진을 결성하고 대구를 공략하고자 하였으나 뜻을 이루지 못했다.

3월 23일(양 5월 5일) 의성에 도착한 김하락은 3월 25일(양 5월 7일) 금성산 수정사로 진영을 옮겼다. 그리고 3월 27일(양 5월 10일) 의흥을 공략하여 무기와 군수품을 확보하였다. 3월 29일(양 5월 11일) 의성의진이 황산전투에서 크게 패했다는 소식을 들었다.

곧이어 관군의 추격을 피해 청송으로 들어가는 의성의진의 구원 요청을 받고, 그 뒤를 따라 청송으로 들어갔다.

4월 1일(양 5월 13일) 이천의진은 의성의진과 청송의진을 규합한 의성연합의진을 결성하였다. 그리고 4월 2일(양 5월 14일) 청송군 안덕면 감은리에서 관군을 상대로 전투를 벌였다. 이른바 '감은리전투'였다. 김하락이 이끄는 이천의진은 이 전투에서 전투의병으로서 그 면모를 확인할 수 있다. 당시 청송의진의 참모 오세로가 "흡사 《삼국지》의 전장과 같았다."고 기록하고 있을 정도로 치열한 공방전을 벌였다.

4월 7일(양 5월 19일) 의성연합의진은 의성 금성산과 비봉산의 수정사로 그 본진을 옮겼다. 그리고 군수품과 군사를 모집하는 소모 활동을 통해 부대를 재편성하고 관군의 공략에 대비하였다. 4월 12일(양 5월 24일) 의성연합의진은 수정동으로 들어오는 관군을 매복·기습작전으로 크게 이겨 전투의병의 면모를 보여주었다. 4월 14일(양 5월 26일)에도 관군의 공격에 대응하여 치열하게 싸웠다. 이른바 '비봉산전투'였다.

비봉산전투 뒤 이천의진은 의성 옥산의 황산동과 황학산, 그리고 안동 길안의 금학산 등을 전전하였다. 4월 27일(양 6월 8일) 옥산면 실업동에서 공격해오는 관군의 추격을 따돌리고 경주를 향해 행군하였다.

5월 5일(양 6월 15일) 경주 인비에 도착한 김하락은 경주지역

유생들과 함께 경주연합의진을 결성하였다. 5월 7일(양 6월 17일) 김하락은 경주성을 공격하여 점령한 뒤, 민간을 위무하는 한편, 각처로 소모관을 파견하여 군수품을 모집하는 등 방어 태세를 정비하였다. 5월 12일(양 6월 22일) 김하락은 경주군수가 지휘하는 관군의 공격으로 큰 손실을 입은 뒤 경주성을 탈출하였다. 이 과정에서 김하락은 탄환 다섯 발을 맞았고, 무기와 군수품을 모두 잃고 말았다.

5월 13일(양 6월 23일) 김하락은 기계·흥해·청하 등지를 거쳐 5월 22일(양 7월 2일) 영덕에 도착한 김하락은 흥해를 거쳐 영덕으로 북상하는 관군에 대비하였다. 이 과정에서 흩어졌던 병사들이 차츰 합세해 왔고, 각처에서 소모 활동을 하고 있던 부대들도 합류하였다. 이즈음 영덕의진의 신돌석과 영해의진의 선봉장과 우익장 등이 합세해 옴으로써 이천의진은 영덕연합의진을 결성하였다. 그러나 김하락은 진영을 채 갖추기도 전에 북상하는 관군을 향해 출정해야만 했다.

6월 3일(양 7월 13일) 첫 번째 교전에서 김하락이 지휘하는 연합의진은 크게 이겼지만, 6월 4일(양 7월 14일) 폭우 속에서 치른 전투는 김하락의 최후가 되었다. 관군 수는 의병을 압도했다. 관군 수백 명이 폭우처럼 밀려오자 의병들은 사방으로 흩어졌다. 김하락은 군사들을 독려하며 싸우던 가운데 좌우 갈빗대에 탄환 두 발을 맞았다.

김하락은 "우리 5백 년 예의의 나라가 견양 같은 섬오랑캐〔島夷〕에게 돌아간단 말인가. 아! 우리 수천만 민족이 과연 희생의 참혹함을 면치 못한단 말인가. 나는 차라리 어복에 장사지낼지언정 살아서 왜놈〔賊漢〕들에게 욕을 당하지 않겠다."고 소리쳤다. 그리고 폭우로 불어난 강물의 소용돌이 속으로 몸을 던졌다. 창의의 기치를 든 지 약 7개월 만인 6월 4일(양 7월 14일) 그 종지부를 찍는 장렬한 순간이었다.

이상 살펴본 바와 같이, 해운당 김하락은 불굴의 항전을 펼쳤다. 을미의병에서 그가 펼친 의병투쟁은 다음과 같은 점에서 더욱 빛난다.

첫째, 김하락은 1895년 12월 3일(양 1896년 1월 17일) 창의하여 1896년 6월 4일(양 7월 14일) 투신 순국하기까지 다른 의병에 견주어서 가장 오랜 기간, 경기도 의천에서 창의한 이래 경북 의성·청송·경주·영덕 등 가장 먼 거리를 오가며 싸웠다.

둘째, 김하락이 펼친 의병투쟁은 명실상부한 전투의병이었다. 특히 각처에서 연합의병진이 펼친 전투에서 김하락이 지휘하고 있던 이천의진은 선봉에서 싸웠다. 청송 감은리전투와 의성 비봉산전투, 경주성전투, 그리고 영덕전투 등에서 그 실상을 볼 수 있다.

셋째, 김하락이 남한산성에서 계획한 서울진공작전은 전·후기 의병전쟁의 전개 과정에서 최초로 수립된 것이었다. 김하락이 수립한 서울진공작전은 먼저 수원을 점령하고, 나아가 충청·전라·경상도의 여러 의병진을 연합하여 서울로 진공한다는 계획이었다.

넷째, 김하락은 이천수창의소 결성 이후, 영덕전투에서 순국할 때까지 각처 의병진을 규합하는 연합의병진을 결성하였다. 이천수창의소와 남한산성의진은 김하락이 경기도 일원의 각처 의병진을 규합하여 결성한 의병진이었고, 의성연합의진과 경주연합의진, 그리고 영덕연합의진도 김하락이 주도하여 결성한 연합의진이었다.

다섯째, 김하락의 의병투쟁은 지역을 초월하여 전개된 구국운동이었다. 이천의진의 지휘부와 병사들은 경기도 각군 소속의 포병으로 구성되어 있었다. 창의 이후 김하락의 지휘 아래 끝까지 투쟁함으로써 각처 의병들이 가졌던 지역성을 극복하였다.

1896년 김하락의 지휘 아래 전개된 이천의진의 의병투쟁은 을미의병을 대표할 수 있는 우뚝한 성과를 거두었다. 이것은 의병전쟁을 수행하는 과정에서 김하락이 보여 주었던 불굴의 저항정신에서 비롯된 것이었고, 외세 침략의 국가 위기에 직면하여 국권회복에 대한 강한 의지의 표현이었다.

의병대장 해운당 김하락 연보

김하락과 조성학의 《정토일록》,
김규성의 《의병대장 해운당 김하락정토일록》을 바탕으로 작성

1846.12.14.	○ 경북 의성군 의성읍 원당元堂 3리에서 김운휘金運輝와 덕수이씨德水李氏 사이에서 4형제 중 둘째 아들로 태어나다.
	○ 어릴 때부터 자질이 명민하였다. 아이들과 놀 때 군진을 만들고 전투하는 형상을 많이 하다.
1886(?)	○ 딸 영규榮奎가 태어나다.
1892(?)	○ 아들 병우秉宇가 태어나다.
	○ 40세쯤 황학산 길굴吉屈에서 경서와 병서를 읽다.
	○ 한때 금성면 청로리에서 서당을 열다.
	○ 40세 이후 서울에 올라가 이순신의 후손 이정배의 사

위가 되다.

1895.11.16. (양 12.31.)	○ 서울에서 한강漢江을 건너다.
11.17. (양 1896.1.1.)	○ 경기도 이천에서 조성학·구연영·김태원·신용희 등과 창의를 준비하다.
12.3. (양 1.17.)	○ 이천수창의소利川首倡義所, 대장 閔承天를 결성하고, 각군도지휘各軍都指揮를 맡다.
12.4. (양 1.18.)	○ 이천 백현전투魄峴戰鬪에서 크게 이기다.
12.5. (양 1.19.)	○ 광주 노루목전투獐項戰鬪에서 크게 이기다.
12.12. (양 1.26.)	○ 격문을 발송하여 창의를 독려하다.
12.13. (양 1.27.)	○ 국왕의 애통조哀痛詔를 접수하다.
12.29. (양 2.12.)	○ 12월 30일까지 이어진 이현전투梨峴戰鬪에서 크게 패하였고, 제군문도총 조성학이 영남으로 귀향하다.
1896. 1.2.	○ 여주의진驪州義陣, 대장 沈相禧으로 들어가다.
1.24. (양 3.7.)	○ 이천수창의소를 재편성하고, 군사겸지휘軍師兼指揮를 맡다.
1.30. (양 3.13.)	○ 남한산성南漢山城, 廣州山城으로 들어가다.
2.3. (양 3.16.)	○ 남한산성에서 관군과 싸워 이기다.
2.21. (양 4.3.)	○ 남한산성에서 관군과 싸워 패하고 물러나다.
2.25. (양 4.7.)	○ 이천수창의소의 대장으로 취임하다.
2.27. (양 4.9.)	○ 이천수창의소를 이끌고 영남으로 이동하다. 여주驪州(2.27.)-흥원興元(2.28.)-백운산白雲山(2.29.)-제천堤川(2.30.)

2.30. (양 4.12.)	○ 제천의진堤川義陣, 대장 柳麟錫에 도착하여 환영을 받다.
3.1. (양 4.13.)	○ 제천을 떠나 단양(3.1.)-풍기(3.2.)-순흥(3.3.)으로 이동하다.
3.6. (양 4.18.)	○ 순흥 백운동에 사는 이종사촌 조성학을 제군도총장장으로 추대하다.
3.7. (양 4.19.)	○ 영주 창보역昌保驛(3.7.)에서 유숙하고, 안동 유동역柳洞驛(3.8.)을 거쳐 예천 감천을 거쳐 예천읍으로 들어가다.
3.9. (양 4.21.)	○ 예천읍 호좌의진湖左義陣, 영남소토장 서상렬徐相烈과 합세하기로 하다.
3.11. (양 4.23.)	○ 호좌의진과 결별하고 안동 풍산으로 옮겨 유숙하다.
3.14. (양 4.26.)	○ 안동 봉정사에서 15일까지 경북 북부지역 여러 의병진과 연합을 논의하다.
3.15. (양 4.27.)	○ 연합 논의 뒤 안동부 안기역安奇驛에서 유진하다.
3.16. (양 4.28.)	○ 제군도총장 조성학이 대구 팔공산으로 떠나다.
3.23. (양 5.5.)	○ 안동을 떠나 의성으로 옮기다.
3.25. (양 5.7.)	○ 기총旗摠 고기준을 총살하다. 의성을 떠나 금성산 수정사로 옮기다.
3.27. (양 5.9.)	○ 청로동에 들어가 김택용金宅龍을 후군장으로 영입하고, 의흥읍義興邑을 공격하다.
3.28. (양 5.10)	○ 의흥읍을 떠나 고리곡古里谷을 거쳐 용애龍崖 압곡사에 유진하다.
3.29. (양 5.11.)	○ 금성산 수정사로 옮기다. 황산전투에서 패한 의성의진 군사 1백여 명이 찾아오다.

4.1. (양 5.13.)	○ 대곡大谷으로 옮기다. 의성의진이 구원을 요청하다. 화목和睦을 거쳐 문거文居에 유숙하다. 의성연합의진義城聯合義陣을 결성하다.
4.2. (양 5.14.)	○ 감은리전투甘隱里戰鬪에서 대구 관군을 격파하고 문거에 유숙하다.
4.3. (양 5.15.)	○ 화목—토현(4.4.)—사곡면 운곡(4.5.)을 거쳐 수정사(4.6.)에 도착하다.
4.7. (양 5.19.)	○ 의성의진을 합쳐 부대를 재편성하다.
4.12. (양 5.24.)	○ 수정사전투水淨寺戰鬪에서 관군을 크게 이기다.
4.13. (양 5.25.)	○ 다시 관군과 싸우다.
4.14. (양 5.26.)	○ 수정사에서 퇴각하여 황산동黃山洞을 향하다. ○ 지동점池洞店에서 유숙하다.
4.16. (양 5.28.)	○ 황산동에서 유숙하다.
4.17. (양 5.29.)	○ 두음산斗音山을 거쳐 황학산黃鶴山에서 유숙하다.
4.18. (양 5.30.)	○ 안동 금학산金鶴山에서 유숙하다. 춘천 유생 이병원李炳遠이 투신하여 종사從事로 삼다.
4.22. (양 6.3.)	○ 황학산 산신에게 제사 지내다.
4.24. (양 6.5.)	○ 황산에 유진하다.
4.25. (양 6.6.)	○ 옥산 실업동實業洞으로 옮기다. 포군 김인식金仁植과 김호길金好吉이 자원하다.
4.26. (양 6.7.)	○ 의성 중리 출신 오혁주吳赫周가 투신하다.
4.27. (양 6.8.)	○ 실업동전투에서 관군의 공격을 물리치다.

4.28. (양 6.9.)	○ 청송 화목을 거쳐 도동道洞(4.29.)—덕현德峴(5.1.)-안 덕점安德店(5.2.)—유천점柳川店(5.3.)—영천 입암立巖 (5.4.)을 거쳐 경주로 향하다.
5.5. (양 6.15.)	○ 경주 인비仁庇에 도착하다. 경주유생 김병문·이시민· 서두표·박승교 등이 찾아와 합세하다. 경주연합의진 을 결성하고 진용을 갖추다.
5.6. (양 6.16.)	○ 인비를 출발하여 안강에 도착하다.
5.7. (양 6.17.)	○ 경주읍성을 공략하여 점거하다.
5.10. (양 6.20.)	○ 관군의 1차 공격을 받다.
5.11. (양 6.21.)	○ 관군의 2차 공격을 받다.
5.12. (양 6.22.)	○ 관군의 3차 공격을 받다. 경주성을 물러나 안강—달성 점達城店을 거쳐 기계로 이동하다.
5.13. (양 6.23.)	○ 달성점에서 부대를 재편성하다. 의성 오혁주가 휘하 군 사를 거느리고 이탈하다.
5.14. (양 6.24.)	○ 기계면소모장 이종흡이 군사를 소모하여 들어오다. ○ 우각점에서 유숙하다.
5.15. (양 6.25.)	○ 동화면소모장 이준구가 군사를 거느리고 들어오다.
5.16. (양 6.26.)	○ 흥해興海에서 2개 부대를 무장시켜 양만춘을 포군령 으로 삼다.
5.17. (양 6.27.)	○ 청하의진淸河義陣 군사 30명을 중군 안만근에게 맡겨 통솔하게 하다.
5.18. (양 6.28.)	○ 청송의진의 흥해출진소興海出陣所가 청하에 들어와 합 류하다.

5.19. (양 6.29.)	○ 영덕의 장사동長沙洞에 도착하다.
5.22. (양 7.2.)	○ 영덕읍에 도착하여 부대를 정비하고, 영덕연합의진을 결성하다.
	○ 신돌석이 찾아와 인사를 하다.
5.25. (양 7.5.)	○ 각 부대를 각처로 파견하여 소모 활동을 벌이다.
	○ 김하락, 축산에 유진하다.
5.27. (양 7.7.)	○ 영해의진과 합세하다.
5.29. (양 7.9.)	○ 안동의진의 류시연부대柳時淵部隊와 합세하다.
6.1. (양 7.11.)	○ 북상하는 관군에 대응하여 이채구·이준구·홍병태를 영덕으로 보내다.
6.2. (양 7.12.)	○ 김하락, 영덕으로 출진하다.
6.3. (양 7.13.)	○ 영덕연합의진, 관군과 교전하여 이기다.
6.4. (양 7.14.)	○ 남천쑤에서 벌어진 영덕전투에서 총탄을 맞고, 영덕 오십천五十川에 투신하여 순국하다.
	○ 영덕 강구에서 유지 손치문·한규열 등이 시신을 수습 하여 해안가에 매장하다.
	○ 이천의진, 청송·영양 등지를 전전하다가 경기도로 돌 아가다.
1914.3.	○ 딸 영규와 사위 정웅이 충남 서천으로 반장하다.
	○ 김하락의 유족 충남 연기군連岐郡 전의읍全義邑의 송 기준宋基俊 댁(임란 순절의사 泉谷 宋象賢)에 3년 동안 의탁하다.
	○ 김하락의《정토일록》과 강구의 한규열이 보낸 편지를 보관하다가 송상현의 종부 이대길 여사에게 맡기다.

1917. 겨울 ○ 딸 영규 부부와 아들 병우가 남만주의 김좌진 장군을 찾아 떠나다.

1968. ○ 이대길 여사, 《정토일록》과 한규열의 편지를 의성김씨 종친회 김창목金昶穆에게 전달. 국사편찬위원회 김규 성金奎聲이 《의병대장 해운당 김하락정토일록》을 간행 하다.

2005. ○ 의성김씨 김상락金尙洛, 대구 북구 서변동 거주, 의성 출신 이 중국 북경에서 김병우의 손자(중국 용강 거주, 이름 미 상)를 상봉하다.

○ 김상락의 초정으로 한국에 들어와 거의 6개월 정도 김상락의 집에서 생활하다.

현재 ○ 현재 김하락의 증손자 3인이 경기도 수원에 있는 공장 에서 일하고 있다는 풍설이 있다.

참고문헌

사료

《義城金氏世譜》(1982).

金河洛, 《征討日錄》.

趙性學, 《征討日錄》.

金泰元, 〈乙丙史略〉, 《集義堂遺稿》.

柳川篇, 《義城誌》.

金會鍾, 《丙申倡義實錄》.

靑松義陣, 《赤猿日記》.

金道鉉, 《碧山先生倡義顚末》.

趙性吉, 〈丙申年倡義記〉, 《白雲詩稿》.

金奎聲譯,《義兵大將 海雲堂 金河洛征討日錄》.

《東京朝日新聞》.

國史編纂委員會,《駐韓日本公使館記錄》, 2000.

단행본

경기도사편찬위원회,《경기도항일독립운동사》, 1995.

권대웅 외,《영덕의 독립운동사》(증보판), 영덕군/영덕문화원, 2019.

_____,《경북독립운동사》Ⅰ(의병항쟁), 경상북도, 2012.

권대웅,《김도현》, 독립기념관, 2012.

김도현,〈벽산선생창의전말〉,《독립운동사자료집》제2집, 독립운
　　동사편찬위원회, 1970.

김태원,《집의당유고》,《한말의병자료집》제3집, 독립기념관 한국
　　독립운동사연구소, 1989.

김하락,〈진중일기〉,《독립운동사자료집》제1집, 독립운동사편찬
　　위원회, 1970.

김희곤·권대웅 편,《한말의병일기》(을미의병일기·적원일기), 국가보
　　훈처, 2003.

김희곤 외,《의성의 독립운동사》, 의성군, 2002.

_____,《청송의 독립운동사》, 청송군, 2004.

이인수,《이천의 의병항쟁과 독립운동》, 이천문화원, 2009.

이천문화원,《우리고장의 의병항쟁과 독립운동》, 1995.

논문

권대웅, 〈한말 영남유학계의 의병활동〉, 《한말 영남유학계의 동향》, 영남대학교출판부, 1998.

권대웅, 〈1896년 청송의진의 조직과 활동〉, 《한국근현대사연구》 제9집, 한국근현대사학회, 1998.

_____, 〈을미의병기 경북북부지역의 예천회맹〉, 《민족문화논총》 제14집, 영남대학교 민족문화연구소, 1993.

_____, 〈을미의병기 의병부대 내부의 갈등 요인〉, 《국사관논총》 제90집, 국사편찬위원회, 2000.

_____, 〈을미의병기 안동유림의 의병투쟁〉, 《대동문화연구》 제36집, 성균관대학교 동아시아학술원, 2000.

김동옥, 〈한말 의병운동과 이천〉, 《이천의 의병운동과 3·1운동》, 1987.

김상기, 〈조선말 갑오의병전쟁의 전개와 성격〉, 《한국민족운동사연구》 3, 한국민족운동사학회, 1989.

김원석, 〈병신창의록을 통해 본 의성의병〉, 《안동사학》 3, 안동대학교 안동사학회, 1998.

유한철, 〈김하락의진의 의병활동〉, 《한국독립운동사연구》 제3집, 독립기념관 한국독립운동사연구소, 1989.

이강훈, 〈청사에 빛날 선열들―구연영선생〉, 《광복》 제54호, 1986.

《征討日錄》(조성학)

성상 즉위 31년(1894) 갑오년 나는 풍기현 산법山法에 사는 차생원댁車生員宅에 머물고 있었다. 그해 7월 보름 무렵 무뢰배 수십 명이 스스로 동도인東道人이라 하며 촌락을 휩쓸고 다니며 부호들을 납치하고 돈을 토색하였다……. 심지어 수령을 납치하고 협박하며 짐짓 소인小人이라 하니 그 하는 짓은 화당火黨보다 심하였다. 그 뒤 차츰 번성하여 끝내 모든 고을에 두루 퍼졌으니 일정한 일이 없는 자들이 그 무리에 들어가고, 혹 민간의 재능이 있는 사람을 위협하여 강제로 포착하여 수천여 명, 그 다음 3~4백여 명, 가장 적은 무리도 1백여 명을 그 무리에 끌어 들였다. 이들이 각 고을을 가득 메우니 그 약탈하는 것은 일일이 기록하기가 불가하였다……. 반상班常을 가리지 않고 모두 도인道人이라 부른다. 오호라! 이 학문이 과연 무슨 학문인가? 대개 도인道人이라 부르면서 도리어 행동은 도적과 같으니 이들이 바로 도인盜人이다.

내가 이 학문을 찾아 캐어본즉, 본시 경주인 최씨가 처음 만든 것으로 지난 경신년(1860) 이 도道가 처음 나왔다. 최씨는 자칭 동쪽에 살며 동쪽에서 배운 까닭에 동학東學이라 하였다. 그 뒤 최씨가 요도妖道라는 이유로 살해되자 그 제자 최경선崔慶善[01]은 충청도 보은報恩 등지로 도망하여 몸을 숨기고 가만히 이 학문을 포교하니 장차 수천여 명에 이르게 되었다. 이해에 이르러 경선은 그 무리 전봉준全奉俊과 김개남金介南으로 하여금 전라도에서 난을 일으키니 소토사勦討使 홍재희洪在禧에게 나포되었고, 경상도에서 난을 일으킨 무리들은 예천에서 민군民軍들에게 모두 죽었다. 이해 9월에 어떤 도인이 나를 찾아와 "이것이 바로 성도聖道이니 함께 이 학에 들어가는 것이 어떠하겠는가."라고 말하였다. 그때 그 무리들의 행패가 두려워 한 구절의 시를 지었다. 그 시에서 말하기를 "늦은 바람에 동성東城

---

01 최경선은 최시형의 어릴 때 이름인 최경상의 오기이다.

에 꽃이 떨어지니, 앵무새 노래하고 제비 춤추며 각각 재주 드러내네. 늙은 봉황은 자랑하며 승부 다투는 것 싫어하여, 밝은 달밤 벽오동 가지에 다시 올라가노라."라고 하였다.

그리하여 몸을 피해 집에 돌아와 책을 짊어지고 대구 팔공산 속에 있는 스승을 따라가 그해를 보냈다. 다음 해 을미년(1895) 도적들이 진압되어 팔도가 잠시 평온해졌다. 이해 6월 왜적 십만이 수륙으로 동시에 들어와 각 포구와 항구, 그리고 강변 요지에 병영을 설치한즉, 동래東萊에서 의주義州에 이르는 삼천여 리에 모두 이 왜가 주둔하고, 도성都城에 돌입하여 우리나라 인민들에게 모두 흑의黑衣를 입도록 하니 팔도의 수령과 경기도를 출입하는 사람들이 대부분 흑의를 입었다. 이때 민심은 흉흉하여 혹 깊은 산으로 도망하여 숨고, 혹은 배를 타고 섬으로 들어갔다.

이해 8월 21일 밤에 왜적이 난을 일으켜 궁궐 안을 침범하여 우리 국모를 시해하였다. 슬프고 애통하다. 이 무슨 변인가? 고금의 경서와 사기에 전무한 게 이 같은 변괴이다. 그 뒤 9월 옥천대신沃川大臣 송건수宋健壽와 진잠대신津岑大臣 신응조申應朝가 장차 복수를 위한 창의를 모의하였으나 일을 두루 성사치 못하고 개화인開化人의 모함에 빠져 그만두고 말았다.

이해 11월 15일 밤 왜적 개화인 유길준兪吉濬으로 하여금 가위剪刀를 가지고 궁궐 안으로 들어가 성상을 단발하고 나아가

열 대신의 머리도 모두 깎았다. 순검과 순포로 하여금 가위를 가지고 경기도를 횡행하며 사대부와 서인을 막론하고 만나는 사람을 모두 단발하였고, 팔도의 수령이 모두 삭발하였다. 오호라! 우리 왕조 오백년 선왕의 법복이 폐지되어 오랑캐의 의복이 되고, 동방 삼천리 강토와 추로지향郷魯之郷은 금수禽獣의 구역으로 변했으니 어찌 한심하지 않으리오.

이때에 경기·강원·충청·경상 4도에서 고가세족故家世族들이 분한憤恨을 이기지 못하고 여러 고을에 격문을 전파하고 마침내 창의를 도모하였다. 경기도에서는 광주·이천·여주·양근·음성·죽산, 충청도에서는 충주·제천·청풍·단양·영춘, 강원도에서는 춘천·낭천·강릉·영월·삼척·울진·평해, 우리 경상도에서는 순흥·풍기·영천·예천·안동·봉화·예안·의성·청송·영해·영덕·청하·흥해·진주에서 창의를 도모하였다.

이때 각 의병진에서 격문을 보내 서로 창의하니 뒤따르는 고을을 다 기록할 수 없다. 경기도에서는 12월부터 병신년(1896) 정월까지 여러 번 싸워 여러 번 패하였다. 정월 그믐에 이르러서 경기도 각처의 의병진은 합세하여 동시에 광주산성에 들어가니 군세가 크게 떨쳤다. 여주의 대장 심상희沈相禧와 광주의 대장 박준영 두 의병장이 상의하여 함께 적을 토벌할 계획을 세웠다.

2월 초1일에 이르러 왜적이 우리나라의 병정 수천으로 하여

금 광주산성을 포위하고 연일 접전하였는데. 병정이 불리하여 죽은 자가 매우 많았다. 개화당 사람들은 걱정이 되어 광주의 진의 좌군장 김귀성에게 수원유수를 맡기겠다고 은밀히 유혹하였다. 김귀성은 흔쾌히 그 말을 듣고 대장 박준영과 한통속이 되어 2월 21일 밤에 이르러 성문을 열고 적을 맞아 들였다. 각 의병진의 포병들은 박준영 부자를 나포하여 즉시 현장에서 포살하였다. 이로 인해 의병진도 괴멸되어 흩어져 각기 숨었다. 광주의진 선봉장 김태원과 중군장 구연영. 그리고 좌익장 신용희는 흩어진 군졸을 모아서 여섯 대隊로 편성하고 사방으로 대장을 구하였으나 하나같이 감당할 인물이 없었다.

이때 이천 이현에 살고 있는 김하락은 영남 의성 사람으로 이현에 이거한지 여러 해가 되었다. 원래 김하락은 평소 재예才藝가 있다고 이름이 조야에 많이 알려져 있었다. 개화당 사람들이 3~4차례 모시길 청하였으나 끝내 나아가기를 허락하지 않았다. 위에서 말한 3인이 여러 날 간청하여 비로소 나아가기로 하였다. 당일 대장에 봉하여 즉시 목인木印을 올리고 여러 직책을 제정하여 받았다. 그날 대장이 영을 내리기를 "영남은 평소 추로지향으로 일컬어지는 인재의 부고府庫이니 장차 영남으로 내려가 각 의병진을 소모하여 복수의 계책을 삼을 것이다."고 하였다.

각설하고 충청도 각 고을이 충주에서 합세하니 군용이 매우 엄숙하였고, 유인석柳麟錫을 우두머리 대장으로 삼았다. 원래 유인석 의병장은 명문의 후예로 도학道學을 고루 갖추고 있는데, 왜적과 더불어 여러 차례 교전하였다. 적들은 세력이 점차 쇠퇴하자 스스로 패배하리라 생각하고 우리나라의 병정과 합세하였다. 12월 보름 무렵에 성을 넘어 돌입하여 밤을 기해 불시에 습격하니 힘이 적에게 미치지 못했다. 이에 제천으로 진영을 옮겨 다시 의병을 모아 20여 채寨의 병영을 일으키니 군대의 세력이 크게 떨쳤다.

이때 우리 성상께서는 어가를 러시아 진영으로 옮기고 계궁○(桂宮○) 김병시金炳始로 하여금 은밀히 애통조哀痛詔를 주어서 목판으로 인쇄하여 반포하게 하였다. 경기도를 순의군殉義軍, 충청도를 충의군忠義軍, 경상도를 장의군仗義軍으로 삼는다는 조서를 각 의병진의 의병장들에게 내리니 조서를 받고 통곡하였다. 개화당 사람들은 조서가 내려진 것을 탐지하고 장차 목인관木印官을 해칠 음모를 꾸미니 목인관들은 적들의 칼끝이 두려워 골고루 널리 돌리지 못하고 그곳에 숨겨 두고 떠나 버렸다.

영남 안동에서는 11월 그믐에 비로소 격문을 각 고을에 돌리고 창의하니 영남 여러 고을들이 모두 소문을 듣고 향응하였다. 안동의진의 대장 권세연權世淵은 수학數學에 밝고 지략智略을 고루 갖추고 있다고 한다. 12월 13일 군병을 크게 일으켜 장차 예천醴泉에 주둔한 왜적을 토벌하기 위해 풍산豐山에 진을 쳤다. 이날 밤 서울에서 내려온 병정 여러 부대가 밤을 타 총을 쏘며 진문으로 치고 돌입하니 훈련을 받지 못한 화포군은 사방으로 흩어져 도망하였다. 경병들이 마침내 성중으로 추격해 들어오니 스스로 의병을 해산하였다. 그 뒤 안동의진이 다시 군사를 모으니 군사가 8~9백 명에 이르렀고, 군세가 매우 엄숙하였다. 의병 진중은 논의를 거쳐 싸움에 진 장수는 용맹을 말하기 불가하다 하여 마침내 구미龜尾의 김도화金道和를 대장에 추대하였는데, 나이가 70에 이르렀다.

병신년(1896) 봄에 충청도 대장이 소토장 서상렬을 영남에 보냈다. 각 고을에서 의병이 일어나니 영남의 여러 고을이 모두 이를 좇아서 일어난 것이다. 2월에 이르러 서상렬은 영남의 각 고을에 격문을 전파하여 예천에서 합세하고 삽혈동맹歃血同盟하여 함창의 왜적을 토벌하고자 하였는데, 도리어 패하고 군사를 이끌고 예천으로 옮겨 본진과 함께 진을 쳤다. 각설하고, 경기도의 이천의진은 영남으로 내려갔다. 3월 초 2일에 죽령竹嶺을 넘어 풍기豐基에서 숙박하였다. 이튿날 행진하여 동면東面 산법동山法洞에 이르러 차계남車啓南의 집에서 점심을 지어 먹고, 순흥부順興府로 행진하여 진을 쳤다.

○ 나는 을미년(1895) 12월 그믐에 내려온 뒤 병신년(1896) 정월부터 팔공산에서 독서하고, 3월 초1일 떠나 초4일 집으로 돌

아온즉, 이천의진이 이미 본부에 들어왔다. 나는 대장이 누구인지 알지 못하고 있었는데, 이날 밤 삼경에 문 밖에서 홀연히 수십 인의 시끄럽게 떠드는 소리가 들리며 내 어릴 때 이름을 부르며 "상여相汝 이곳에 있는가?"라고 하였다. 문을 열고 본즉, 이종형 김하락이었다. 기쁨을 이기지 못해 까닭을 물으니, 자세히 말하기를 원수를 갚고자 군사를 일으켰다고 한다. 다시 문을 연즉 포병 수십 명이 화승총을 메고 마당에 둘러서서 일시에 엎드려 절을 한다. 나는 잘 내려왔는지 묻고 돈 한 꾸러미를 지급하니 술 한 동이 값이었다.

○ 이튿날 조반 뒤에 중군장 구연영, 선봉장 김태원, 좌익 신용희, 우익 김경성, 종사 안옥희·안재학이 2대의 군사를 거느리고 대장의 말을 몰고 와서 나에게 청하므로 나는 부득이 본부의 유진소留陣所에 내려갔다. 이종형이 말하기를, "자네의 수년 동안 독서를 이때 쓰지 않는다면 다시 어느 때를 기다리겠는가. 나와 함께 가자."고 하였다. 나는 답하기를, "양친이 집에 계시니 나라 일에 몸을 맡길 수 없습니다. 형께서 이미 출진하였은즉, 병兵을 잘 조련하여 대책을 세우는 것이 어떠하겠습니까?"하고 말했다. 이종형이 크게 꾸짖으며 말하기를, "나라 일이 이에 이르렀는데 어찌 양친이 집에 있는 것으로 사양하고 피하는가. 이모님 내외분은 연세가 많지 않으니 우려할 필요가

없다. 임금과 부모는 같으니 다시 사양하고 피하지 말라." 하고, 곧 말에 올라 문 밖으로 나가니 어디로 갔는지 알 수 없었다. 장차 해가 질 무렵에 이종형이 웃으며 말에서 내려 들어오며 말하기를, "자네의 출진을 이모님께 승낙을 받았으니 다시 다른 말을 말라."고 하면서 제군도총장諸軍都總將을 삼았다. 내가 묵묵히 집으로 돌아온즉, 어머니께서 분부하시기를 "너는 사람의 아들로 태어났으니 부모를 섬기는 것도 중요하다. 그렇지만 나라의 원수가 이다지도 설쳐대니 부모 섬기는 것으로 사양하고 피하는 것은 옳지 않다. 너는 즉시 이종형과 함께 가서 적을 토벌하여 국가에 조금이라도 보답토록 하여라."고 하셨다. 나는 명을 받들어 감사의 절을 올리고 그날로 행진하여 영천榮川 창보역昌保驛에서 숙박하였다.

○ 초8일. 이른 아침에 행군하여 안동安東 유동역柳洞驛에서 숙박하였다.

○ 초9일. 아침에 동네 사람 요호饒戶 김씨金氏와 전씨全氏 두 민가의 곡식 30석石을 대출하였다. 그때는 춘궁기春窮期라 부자는 괜찮으나 무고하고 외로운 가난한 백성들은 장래의 살아갈 계책이 없었다. 동네의 두민頭民을 불러 빈호貧戶 30여 호를 초출抄出하여 사람마다 정조正租 4두斗씩 분급하니 가난한

백성들은 모두 기뻐하며 춤을 추고 덕을 칭송하였다. 호좌의
진 소토장 서상렬이 전군 김한성金漢星을 보내 합세를 청하였
다. 이종형이 장차 나에게 묻기를, "서 소토장이 이렇게 간절히
청하니 어찌하는 것이 좋겠는가?" 나는 즉시 상중하 세가지 계
책으로 판별하여 답하기를, "우리 의군이 영천으로 바로 달려
가서 안동을 지나 청송으로 나아가 현남縣南에서 경주 죽장竹
長으로 넘어가 한편으로는 소모召募를 벌이고, 한편으로는 수
대數隊의 군사를 보내 본부本府에 들어가 부윤府尹에게 청하
여 소모해 줄 것을 요청하면 열흘이 지나지 않아서 우리 군대
의 세력이 크게 떨칠 것이니 이것이 최상의 계책이 될 것입니
다. 서 소토장과 합세하여 영남 일대의 각 고을 의병진을 초치
하여 같이 힘을 모아 바로 달성達城으로 향하면 영남 전도에서
의병진이 크게 일어날 것이니 이것이 그 다음의 계책이 될 것입
니다. 홀로 외로운 군대를 거느리고 임의任意로 행진하면 좌우
의 보익輔翼이 없을 것이니 이는 최하의 계책이 될 것입니다. 이
세가지 계책 가운데 어느 것을 택할 것입니까?"하니 대장이 말
하기를, "내가 스스로 결정할 것이니 그대는 다른 말을 하지 말
라."고 하였다. 호좌의진의 전군 김한성과 함께 행진하여 감천
甘川 창리倉里에 이르러 점심을 먹고 곧장 예천에 이르렀다. 서
소토장이 또 좌익장을 보내 수대數隊의 군사로 환영하였다. 말
을 달려 호좌의진으로 들어가 서로 만나니 매우 환영하였다.

○ 예천 본진의 대장을 만나니 박씨朴氏였다. 읍내의 약방藥房에 숙소를 정하고 이틀을 유진하였다. 서 소모장이 나를 초청하여 묻기를, "지금 안동관찰사 이남규李南珪가 상주尙州에서 병사를 양성하고 있는데 군용이 심히 엄숙하다고 하니 이것을 정벌함이 어떻겠습니까?"하였다. 내가 답하여 말하기를, "아니. 그렇지 않다. 지금 만약 상주성으로 간다면 함창咸昌으로 들어갈 터이니 만약 의병이 상주에 도착하면 함창 태봉胎峯의 왜군이 그 귀로를 차단하고 상주에 주둔하고 있는 경병京兵이 그 전면을 공격할 것 같으면 이것은 복배腹背로 적을 받게 되는 것이니 병가兵家의 가장 기피하는 것이므로 신중히 생각하고 가벼이 행동하지 말아야 한다."고 하였다. 서 소토장 역시 그렇다고 하였다.

○ 11일. 서 소토장이 본진과 상의하여 장차 우리 군사를 향궤饋饋한다고 소 두 마리를 잡았다고 하여 우리 군사들은 고대하고 있었다. 그런데 오후가 지났으나 고기는 한 점도 없고 저들이 남김없이 먹어버렸다. 우리 군사들이 이를 대장에게 알렸다. 대장과 여러 장관들은 모두 분노하여 나에게 떠나기를 청하였다. 나는 말하기를, "음식을 밝히는 인간은 사람들이 천하게 여긴다."고 하면서 조금만 기다려 보자고 하였다. 대장이 급히 행군을 재촉하므로 부득이 행군하였다. 5리쯤 되는 도리현

桃李峴에 이르러 점심을 먹는데, 호좌의진의 전군 김한성金漢星과 본진의 군관軍官이 급히 와서 사과하며 회진하기를 청하였다. 대장은 응낙하지 않고 행진을 재촉하여 30리 되는 안동 풍산역豐山驛에 이르니 날이 이미 어두워졌으므로 장터에 유진하여 숙박하였다. 이튿날 가는 비가 내렸으므로 진영을 옮길 수 없어 각 마을에서 군량을 모집하여 각 군막에 분급하고 그대로 유진하였다. 석양에 호좌의진의 좌군이 몇 대隊의 군사를 거느리고 사통私通을 가지고 와서 봉정사鳳停寺에서 회합하자고 청하면서 함께 유숙하였다.

○ 13일. 비가 개었다. 조반 후에 안동의진의 유격장 이석조李錫祖가 와서 합세하기를 청하였다. 정오가 거의 될 무렵에 홀연히 포성砲聲이 서쪽에서 들려 왔고, 그 뒤 또 3~4차례의 포성이 바로 이어 끊어지지 않아 군관을 시켜 알아보게 하였다. 호좌의진의 서 소토장과 예천의진의 중군이 수십 대隊의 군사를 인솔하고 와서 풍산역 마을에서 점심을 먹었다. 오후에 와서 보고 봉정사鳳停寺에 동행하자고 요청하여 서로 약속을 하고 먼저 서대장을 그곳에 보내고 나서 갔다. 우리 군사들은 군량 운반을 모두 마치지 못하고 그 동네에서 유숙하였다.

○ 14일. 오후 행진하여 봉정사로 갔다. 봉정사는 협착狹窄

하여 모두 수용하기 어려웠으므로 내려와 동구에 있는 김가진 金佳鎭의 재사齋舍에 진영을 마련하고 유진하였다. 이날 밤 호좌의진의 종사從事 두 사람이 찾아왔다.

○ 15일. 아침 본사에 올라가서 서대장과 만나 여러 고을의 의병진이 합세하는 일을 상의하고 있었다. 홀연히 한 사람이 땅에 엎드려 절을 하고 봉투에 든 글을 올렸다. 살펴보니 안동의 진의 군관이 본진에서 가져온 통문으로 급한 일로 안동부에서 함께 모이자고 하였다. 서대장은 응낙하는 회통回通을 하고 오후에 행진하여 즉시 본부를 향해 갔다. 함께 내려가 안기역安奇驛에 진을 쳤다. 이날 밤 안동의진 중군 권문팔權文八, 權載昊이 와서 보았다. 원래 본진의 대장이 본부가 불타버린 뒤 군사를 거느리고 금소역琴召驛으로 진영을 옮기고 중군 홀로 수초數哨의 군사를 거느리고 아직 본부에 머물며 성을 지키고 있는데 이와 같이 와서 보았다.

○ 16일. 나는 대장에게 청하기를 "나의 선생이 대구 팔공산八公山에 있는데 즉시 가서 인사한 뒤 곧 돌아오겠다."고 하니 대장이 응낙하였다. 이날 홀로 말을 타고 장차 공산으로 가려는데 여러 장교와 각 군사들이 모두 영호루映湖樓 밑에서 전송餞送하며 속히 돌아올 것을 청하였다. 나는 강을 건너 즉시 그

곳을 향해 갔다. 20리 되는 석현점石峴店 주막에 이른즉, 가랑비가 내려서 길을 가기가 어려웠다. 조금 후 홀연히 한 사람이 화포군 2인을 거느리고 왔다. 누구인지 물으니 안동의진의 집사로 군수전의 일로 패牌를 소지하고 구미龜尾 등지로 가고 있다고 한다. 정오 가까이 되어 비가 조금 그쳤다. 세 사람과 더불어 함께 구암점龜巖店의 주막에 도착하였다. 비가 온 종일 그치지 않았지만 세 사람은 급한 일 때문에 비를 무릅쓰고 즉시 가고 나는 유숙하였다. 말이 발을 절기에 본진에 사통을 하여 말을 바꿔 달라고 청하였다.

○ 17일. 아침 종사 고응선高應善이 화포군 남조희南朝熙와 김만흥金萬興을 거느리고 작은 나귀 한 마리를 끌고 도착하였다. 그러나 비는 아직 그치지 않았다. 인하여 비를 무릅쓰고 출발하였다. 10리 되는 구미龜尾에 이르니 안동의진의 소모 권덕준權德俊이 와서 보았다. 술을 주고받고 있는데 홀연히 한 어린 동자가 밖에서 들어오며 울면서 권소모에게 머물러 있어도 좋을지 물었으나 권소모는 허락지 않았다. 내가 그 아이에게 누구냐고 물으니 답하여 말하기를 "소인은 본래 의성의 아이로 수년간 다른 도에서 풍찬노숙風餐露宿하였습니다. 이제 사형舍兄이 사는 고향을 찾아왔는데, 또한 다른 곳으로 떠나가 버렸습니다. 간 곳을 알지 못해 이 동네에 흘러들었다가 파수꾼에게

척후병斥候兵으로 포착되어 이같이 돌아갈 것을 간청합니다."고 하였다. 내가 말하기를 "나를 따라가는 것이 어떠한가?" 하니, 그 아이 기쁘게 응낙하였다. 그 성명을 물으니 김중박金仲珀이라고 한다. 즉시 이 아이와 더불어 말을 끌고 권 소모와 헤어졌다. 20리를 가서 의성 철파점鐵坡店에 다다르니 해가 이미 기울어 유숙하였다.

○ 18일. 아침에 출발하였다. 15리 문흥文興에 도착하여 이성천李聖天을 방문하니 이유를 모르는 탈이 나서 자주 기침을 하였다. 조금 기다리니 나의 소리를 듣고 즉시 일어나 반갑게 맞이하였다. 내가 시사時事를 물은즉 답하여 말하기를, "태백성太白星을 볼 수 없으니 먼저 군사를 쓰는 자가 패배할 것이다. 조심하여 적과 더불어 교전하지 말고, 바로 경주慶州를 향해 가면서 한편으로는 소모召募를 하고, 한편으로는 성첩城堞을 수축하고 도랑을 깊이 파고, 진지를 높이 쌓고, 성벽을 견고히 하여 굳게 지킬 것 같으면, 석 달이 지나지 않아 적은 모두 돌아가거나 항복할 것이다."고 하였다. 나는 그럴듯하게 생각하고 돈 3민三緡을 지급하고 서로 헤어지며 후일 서로 도울 것을 청하였다. 원래 이성천은 성수星數에 밝고, 문장文章을 잘하여 자못 여러 고을에 명성이 있었다. 나와는 수년 전부터 형제처럼 친하게 지낸 까닭에 이같이 방문하였다. 이날 오후에 15리 되는

화전촌花田村에 도착하여 이종형 김응락金應洛을 방문하여 유숙하였다. 응락은 대장의 중제仲弟이다.

○ 19일 출발하여 30리 되는 청로역에 이르러 유숙하였다.

○ 20일. 20리 되는 우곡점牛谷店에 이르러 점심을 먹고, 출발하여 30리쯤 가자 박 선생이 살고 있는 신녕新寧 동지곡同知谷에 닿았다. 별감別監 임재춘林在春의 집에서 하루 밤을 함께 자며 시사時事를 물으니, 선생이 크게 꾸짖으며 말하기를, "다가올 앞날이 어떨지 알지 못하고 가벼이 스스로 의진에 발을 들여 놓았는가? 우리나라 각 의병진의 의려義旅는 일을 돈독히 하지 않고 서로 비난하고 주도권을 다투니 이는 의려의 본의가 아니다. 하물며 천운天運이 있을진대 어찌 갑자기 일을 이룰 수 있겠는가? 그대는 신중히 생각하여 다시 나아가지 말고 경서經書를 품고 산으로 들어가는 것이 좋을 것이다."고 하였다. 나는 고백하기를, "대장이 다른 사람 아닌 나의 이종姨從입니다. 천리를 찾아왔는데 어찌 소홀히 버려둘 수 있겠습니까." 하니, "그럴 것 같으면 6월 전에 이곳에서 만나도록 기약하는 것이 어떠한가." 누누이 근신謹身하도록 가르침을 주었다. 나는 응낙하고 하루를 머물렀다.

○ 22일. 아침. 작별하고 돌아오기 위해 길을 나섰다. 50리 되는 청로점靑路店에 이르러 숙박하였다.

○ 23일. 30리 되는 화전촌에 이르러 숙박하였다.

○ 24일. 이종형 응낙應洛과 함께 출발하여 30리 되는 철파참에 도달한즉, 도로에서 전하는 말이 "이천의병이 안동에 와서 의성 본진本陣을 만나려고 한다." 내가 탄식하며 말하기를, "이미 서상렬과 분진分陣했는가?"라고 묻고, 즉시 전참前站으로 가 보니, 과연 한곡汗谷에서 만났다. 그리하여 행진하여 의성읍에 도착하니, 본읍本邑이 대구 병정에게 불타고 주민들은 머무를 집이 없어 공해公廨를 가득 메우고 있었다. 즉시 인리청人吏廳에 거처를 정하고 본현의 수리首吏와 수교首校에게 분부하여 각 도로와 요충지를 파수토록 하였다. 이날 밤 군관 고기준高箕俊이 본점本店 주파酒婆를 간음하려다가 이루지 못했다는 소문이 났다고 해서 화포火砲에 명하여 현의 옥에 수감하였다. 원래 고기준은 본시 행상을 하는 사람으로 중간에 따르고자 한 자이다. 지난 날 봉정사 회동 때 유리안경琉璃眼鏡과 등토수藤吐手 1건을 훔친 일로 역시 추심하여 주인에게 돌려 주는 것으로 은혜를 베풀었다. 지금 또 이와 같이 불량하니 이러한 불량하고 잡된 무리는 진중에 두는 것은 옳지 않다.

○ 25일. 이른 아침에 패문루閉門樓 앞에 군문軍門을 크게 설치하고, 죄목을 써서 붙인 뒤 포살하였다. 곧 군중軍中에 영을 내려 이후 만약 추호라도 민간을 범하는 자는 이 법률을 적용한다고 하니 군사들이 모두 두려워하며 땅에 부복하였다. 선봉장 김태원에게 염포殮布를 수습하여 현의 남쪽에 묘를 쓰라고 명하였다. 오후에 행진行陣하여 30리 되는 금성산錦城山 수정사水淨寺 아래 성채를 만들고 하루를 유진하였다.

○ 27일. 출발하여 10리 되는 청로역에 이르러 점심을 먹었다. 대장이 군중軍中에 명을 내려 말하기를, "경군 3백 명이 군위軍威에 진을 치고 있는데, 밤을 타서 성채를 빼앗고 군수품을 수확할 것이다."라고 하였다. 나는 크게 놀라서 "이 무슨 분부입니까? 우리 군사는 60명이 못 되는데, 저들 병사의 수는 3백 명에 이르니 많고 적음이 현저히 다르고 기계器械도 같지 않습니다. 고립된 군사로써 습격하는 일은 마음이 맞지 않으면 굶주린 호랑이에게 고기를 던져 주는 것과 같습니다. 원컨대 장군은 깊이 생각합시오."라고 말하였다. 대장이 말씀하기를, "장수는 많은 군사에 있지 않고 여하히 쓰는가에 있다." 나는 누차 간청했지만, 끝내 소득이 없었다. 나는 탄식하며 말하기를, "선비는 등용되었다가 의견이 쓰이지 않고 행동이 합치되지 않으면 신발을 신고 떠날 뿐, 다시 무엇을 바라리오."라고 하면서

칼을 던지고 일어섰다. 대장이 말하기를, "그대의 계책은 무엇인가." 내가 답하기를, "이미 상중上中 두 계책은 실패했고, 그 다음 겨우 한 가닥 할 수 있는 길이 있습니다. 여기서 의흥읍 義興邑을 가자면 20리 인데, 우리 군중에는 화약과 탄약이 모두 없으니 만약 뜻밖에 일이 일어날 것 같으면 반드시 패할 것입니다. 이에 마땅히 저녁을 재촉하여 먹고 은밀히 군사를 보내 의흥 관청 창고에 있는 화약과 탄환을 탈취한 뒤 경주의 기계杞溪와 죽장竹長 양면으로 갈 것 같으면 10일 안에 가히 3백 명의 군사를 얻을 수 있을 것이니 이 계책이 어떻습니까?" 대장이 말하기를, "그렇게 하자. 즉시 석반夕飯을 재촉하여 군사들을 먹이고 의흥으로 가자." 이에 영을 내려 말하기를 "하나라도 시끄럽게 떠드는 자는 참하겠다." 많은 군사들이 입을 꽉 다물고 빨리 달려 가만히 의흥읍에 들어간즉, 시가에서 밤에 다니는 사람조차 전혀 행진하는 것을 눈치 채지 못했다. 즉시 동헌을 둘러싸고 들어가 본현 수령을 찾은즉, 이미 도망하여 피신하였다. 나는 원풍루願豊樓에 올라가 크게 소리쳐 말하기를, "성안의 여러 백성들은 혹시라도 놀라지 마라. 우리 이천의진이 장차 이 고을에서 소모를 하고자 한다. 조금이라도 여러분들에게 해를 끼치지 않을 것이니 각기 안도安堵하라."고 하고, 즉시 군기軍器 및 화약火藥과 탄환彈丸 5~6바리를 취득하였다. 인리청에 회진하자 배후에서 홀연히 총을 쏘는 소리가 들리고 함성이 크게 일어났다. 나는 즉시 군중에 명하여 포를 쏘아 대응하도록 하였더니 조금 후에 포성과 함성이 모두 고요해졌다. 이 일을 알아보게 한즉, 본읍 이속들이 민군民軍 수백 명을 거느리고 와서 엄습掩襲하려는 계책이었으나 성과 없이 모두 해산한 것이라 한다.

○ 28일. 서늘하다. 행진하여 10리 되는 고리곡古里谷에서 아침밥을 먹었다. 가는 비가 내렸다. 비를 무릅쓰고 행진하여 10리 되는 용애龍崖에 도착하니 비가 그치고 하늘이 맑아졌다. 10리 되는 지경地境에 이르러 점심을 먹었다. 압곡사鴨谷寺 아래로 행진하여 진을 치고 하루를 머물렀다. 이날 오경五更에 광풍이 불고 큰 비가 서북방에서 세차게 불어와 수목이 부러졌다. 나는 즉시 잠자리에서 일어나 여러 장수들과 함께 대장소로 가서 고하기를 "금일은 갑자일로 병가兵家에서는 기피하는 날입니다. 이날 이 시각에 광풍이 불고 큰 비가 서북방에서 세차게 불어오니 북방에 있는 의진들은 거개가 이롭지 못할 것입니다. 오히려 아군我軍 홀로 존재하니 이를 장차 어찌해야 합니까?" 대장이 말하기를 "자네는 망언을 하지 말라. 군심軍心을 미혹시키지 말라."고 하였다. 그때 참모 정영달丁榮達이 옆에서 대답하기를 "이 심산의 캄캄한 밤중에 바람이 부는 방향을 어찌 아는가?" 내가 대답하여 말하기를 "그대는 복서卜書 풍각장

風覺章도 보지 않았는가. 비록 첩첩이 깊은 산일지라도 나는 방향을 알 수 있다."고 하니 즉시 자신의 처소로 가버렸다. 원래 정영달은 본시 대장의 의형義兄으로 복서를 조금 익힌 사람인데 이때 참모로 참여하였다.

○ 29일. 조반 후에 의성의진이 패배했다는 소식이 도달하였는데, 병정 백여 명이 수정사에 있는 우리 군대를 찾아왔다. 대장은 나를 불러 괘卦를 지어 달라고 요청하므로 나는 소매에서 점괘占卦를 내어 놓고, "북쪽의 관병은 두렵지 않으나 남쪽의 관병은 염려되니 어떻게 조처하면 좋을까요?"라고 하였다. 대장이 "피하는 것이 좋겠지."라고 하였다. 내가 "이제 서북방이 가장 좋을 것입니다. 저녁을 먹은 뒤 서북방으로 갈 것 같으면, 우리가 모두 승리할 것입니다."라고 하였다. 대장은 "그렇게 하자."고 하였다.

○ 30일. 즉시 군중에 영을 내려 서북방으로 행진하였다. 20리 되는 사품沙品에 다다르니 닭이 울었고, 잠시 눈을 붙였다.

○ 4월 초1일 서늘하다. 행진하여 5리 되는 대곡大谷에 이르러 아침밥을 먹었다. 패배한 의성진의 포군 두 사람이 왔기에 본 대장의 거처를 물으니 군사 50여 명을 거느리고 청송으

로 행진했다고 하였다. 나는 즉시 아침을 먹고 청송을 향했다. 20리 되는 화목역和目驛에 이르러 점심을 먹었다. 갑자기 한 사람이 와서 글을 바쳤는데, 읽어 보니 의성진의 사통私通이다. 사통에 말하길, "경병京兵 1백여 명이 의성 정현鼎峴에서 본진을 쫓아오고 있으니, 원컨대 귀진貴陣은 빨리 와서 구해 주십시오."라고 하였다. 재촉하여 점심을 먹고, 즉시 의성진을 향해 가는데, 갑자기 앞쪽에서 총을 쏘는 소리가 간간이 이어져 우리 군사들도 포를 쏘아 대응하였다. 말을 달려 20리를 가니 화현火峴 장터인데, 의성진이 이미 강변에 진영을 펼쳐 놓고 있었다. 우리 군사들은 드디어 그 위쪽 백사장白沙場에 주둔하였다. 청송진의 군관 한 사람이 알현謁見하므로 대장의 명으로 가 보았다. 그 뒤 의성진의 출영出令 김두병金斗炳이 와서 보았다. 나는 중군 구연영과 함께 가서 의성진의 대장을 만나 보니 전날부터 서로 알고 있었던 사촌沙村의 김상종金象鍾이었다. 마침내 악수하고 서로 합세하여 적을 토벌하자는 논의를 하였다. 조금 뒤에 홀연히 말을 탄 사람 한 명이 수기手旗를 들고 우리 진영으로 달려 왔는데, 이 사람은 청송진의 교련관 이교식李教植이었다. 그는 말하기를, "양진(청송진과 의성진)은 아래 마을 장터에 진영을 정하고 군졸들은 분산하여 근방 각 동리에 유숙케 하였다."고 하였다. 나는 크게 꾸짖으며 말하기를, "군법에 불시의 일을 대비하라 하였는데, 불시의 일이 생길 것 같으면 어느 여가에 군사를 불러 모을 것인가?"라고 하였다. 이에 행진을 명하여 의성진과 합진토록 하고, 즉시 10리 되는 문거역文居驛에 가서 유숙하였다.

○ 초2일. 새벽에 척후병이 의흥으로부터 와서 말하기를, "대구에서 온 병정 170여 명이 3월 그믐날 압곡사를 포위하였는데, 아군이 이미 떠난 것을 알고 계속 추격한 뒤 화목和睦에 이르러 유숙하고, 지금 화현 장터까지 우리를 추격하였다."고 한다. 듣고 보니 몹시 위급하다. 즉시 군중軍中에 령을 내려 말을 타고 나아가 적을 맞이하였다. 청송진의 장관將官은 한 사람도 와서 보는 자가 없어 마음이 매우 분하고 원망스러웠다. 군마軍馬를 재촉하여 장차 화현을 향해서 가니 앞머리의 먼지가 일어나는 곳에 두 사람이 말을 달려 와 행진하는 앞에 서서 서로 만나 일을 논의하자고 요청하였다. 나는 크게 꾸짖어 "어제 화현에 유진할 때는 한 명의 장관도 와서 보는 사람이 없었고, 문거文居에 유숙할 때도 역시 와서 보는 자가 없었다. 이제 적병이 앞에 있는데 무슨 큰 논의가 있어 행진을 막는가?"라고 말하고, 즉시 말을 돌리라고 명령하니 두 사람은 명에 따라 앞으로 가버렸다. 즉시 말을 재촉하며 질주하여 화현에 이르러 매복할 계획을 정하였다. 중군 구연영은 2대의 군사를 인솔하여 안덕安德 후방에 매복하고, 좌익 신용희는 2대를 인솔하

여 안덕 뒷산 상봉上峯에 매복하고, 우익 김경성은 2대의 군사
를 인솔하여 성황산城隍山 주봉에 매복하도록 명하고, 나는 군
사 2대를 인솔하여 성황현에 매복하였다. 그리고 대장은 유병
遊兵 1대를 인솔하여 높은 곳에 올라가 관망하도록 하였고, 의
성진의 대장은 부장副將 및 중군中軍들과 더불어 먼 곳으로 모
두 보내 단지 적을 돌파하는 것을 관망케 하였다. 청송진은 안
덕에 있다가 진을 거두어 도망가니 참으로 우습다. 이날 묘시
(아침 5~7시)에 적병이 화목에서 일찍 출발하여 안덕 뒤 강변에
다다라 바로 아군을 덮쳐왔다. 나는 은밀히 '군중에 명령 없이
방포放砲여 영을 어기는 자는 참수한다'고 명을 내렸다. 적들은
안연晏然히 매복을 알지 못하고 서서히 들어와 성황현에 이르
렀다. 즉시 명을 내려 천보총千步銃 다섯 자루를 일제히 방포하
니 적진의 앞 대열이 무너져 흩어졌다. 내가 기를 흔들며 크게
소리를 지르니 사방의 복병이 일시에 모두 총을 쏘았다. 적병은
크게 무너져 어찌할 바를 몰라 즉시 앞산으로 도주하였다. 나
는 총을 잘 쏘는 천보총千步銃을 가진 10여 인을 인솔하여 즉
시 적 앞을 향해 일제히 포를 쏘니 탄환에 맞아 죽어 엎어진 자
가 10여 인이었다. 적은 드디어 놀라서 흩어져 달아났다. 퇴군
하여 본진이 있는 곳으로 돌아와 군사들에게 점심을 먹이려 하
는데, 적이 그때를 타고 다시 들어왔다. 나는 즉시 좌우의 복병
에게 명령하여 일제히 총을 쏘게 하였다. 함성이 땅을 진동시

키고 포성이 하늘을 움직였다. 그때 청송 각 면의 민군民軍들이 술 두 동이를 보내 왔는데. 나는 음주를 엄금하며 "금일 적을 격파하고 모여 술을 마시자. 그렇지 않으면 모두 마실 수 없다."고 말하였다. 양 진영이 교전하는데 탄환이 비가 오듯 쏟아졌다. 홀연히 앞산 꼭대기에서 포성이 크게 들리며 몇 대隊의 군사가 산 아래로 내려와 적을 포위하였다. 이에 바라보니 청송진의 중군이 흩어진 포군 2대를 모아 가지고 급히 응원하러 온 것이다. 적은 드디어 청송진을 향해 가고 나는 좌우의 복병을 통솔하여 적진을 추격하여 압박했다. 그때 종사 최순룡崔順龍과 김순삼金順三이 큰 소리로 외치기를. "장군. 적의 추격을 멈추십시오. 반드시 그 곳에 복병을 설치한 것 같습니다."라고 하였다. 나는 꾸짖으며 말하기를. "종일 접전하여 적병을 죽인 것이 수십 인이다. 하물며 청송진 2대가 그곳에서 출몰하였으니 적은 반드시 크게 의아하였을 것이다. 어느 틈에 매복을 설치하였겠는가?" 하고, 마침내 직접 적진을 향하여 어지러이 발포하니 탄환에 맞은 자가 8인이고, 청송진도 2인을 죽였다. 시각이 5시에 가까워지고 해가 이미 서쪽에 다다랐다. 스스로 해가 저문 뒤를 요량하니 아군은 백의를 입었고 적은 흑의를 입고 있어 밤에 흑색은 매복에 가장 좋을 것 같았다. 즉시 좌우에 령을 내려 크게 고함을 치며 습격하니 스스로 대적할 수 없다는 것을 알고 사방으로 흩어져 도주하고 남은 것은 단지 1대

일 따름이다. 추격하여 엄살掩殺하였더니 적진의 포성이 다시
는 들리지 않았다. 마침내 회군을 명령하니 그때가 밤 9시에 가
까워졌다. 화현火峴에서 군사를 집결하여 아군 2대와 청송진의
군사들에게 영을 내려 본진 근처를 파수케 하고, 대군은 문거
文居로 가서 숙박토록 하였다.

○ 초3일. 이른 아침에 군사를 점고點考하니 의성군으로 남
은 자는 단지 병사 16명이고 그 나머지는 미리 도망하여 피신
하였다. 본진의 군졸은 한 사람도 부상한 자가 없었다. 의성의
진의 대장이 크게 칭찬하였다. 나는 "어제 전투는 비록 제갈공
명諸葛孔明이 다시 살아온대도 반드시 이보다 낫지 못할 것입니
다."라고 하였다. 즉시 의성으로 회군하여 흩어진 군사를 다시
모아서 합세하여 일을 돈독히 하자고 요청하였다. 대장이 말하
기를 "응낙합니다."라고 하였다. 행진하여 화목和睦에 이르러 점
심을 먹었다. 동리 사람들이 와서 말하기를 "어제 해질녘에 병
정 1백여 명이 각각 3~4명씩 대오를 지어 어떤 자는 다리를 절
고, 어떤 자는 끙끙 앓고, 혹 의성 등지로 도망가기도 하고, 혹
신령으로 도망가기도 하였다. 그 뒤 밤에 온 병정 20여 명이 말
하기를 이천진은 참으로 천하의 강병이라며, 우리가 이곳을 지
나갔다고 말하지 말아 달라고 하면서 곧바로 의흥 쪽으로 갔
다."고 하였다. 오후에 행진하여 30리 되는 의성 오촌동吾村洞

에 이르러 숙박하였다.

○ 초4일. 토현土峴에 이르러 숙박하였다.

○ 초5일. 운곡雲谷에 이르러 숙박하였다. 의성진의 대장이
소 두 마리를 잡아 군사들에게 먹이고, 각 면에 전령을 보내 한
편으로는 소모를 하였다.

○ 초6일. 수정사 아래에 진을 치고, 각 면에 전령을 보내 군
수품을 독촉하여 아군의 의복을 준비하게 하였다.

○ 초7일. 각 면에서 포정砲丁들이 일제히 모였는데, 그 수가
1백여 명에 이르렀다. 아군과 혼합하여 부대를 만들었는데, 일
기삼대一旗三隊로 대오를 지으니 군성을 점차 떨쳤다.

○ 초8일. 산 아래 각 동리에 전령하여 산꼭대기에 사방으로
군막軍幕을 설치하게 하였다. 여러 장수에게 명령하여 군사들
을 거느리고 파수토록 하였다. 좌익 신용희는 운곡雲谷의 중요
한 통로를 파수토록 하고, 우익 김경성은 천마봉天馬峯을, 의성
진 출령 김두병金斗炳은 비봉산飛鳳山, 의성진의 대장은 남현
藍峴을 지키도록 하였다. 나는 중군 및 여러 막하와 더불어 금

성金城의 좁은 골짜기 입구를 지켰다.

○ 초9일. 나는 중군과 함께 대장소를 이르러 청하기를, "적병이 지금 의성읍에 머무르고 있는데, 그 피로함을 틈타 군사를 거느리고 가서 공격할 것 같으면 반드시 전승을 거둘 것입니다."라고 하였다. 대장이 말하기를, "그렇지 않다. 바야흐로 소모를 하고 있는 중에 어찌 남을 공격할 여가가 있겠는가."라고 하였다. 나와 중군은 매우 원망스럽게 생각하며 물러났다.

○ 초10일. 또 습격할 것을 요청하였으나 고집하며 허락지 않았다.

○ 11일. 저녁에 대장이 나를 불러 말하기를, "오늘은 병사를 보내 습격하는 것이 좋겠다."라고 하였다. 나는 말하기를 "그렇지 않습니다. 지금은 적이 이미 준비하고 있으니 습격하기가 좋지 않습니다."라고 하였다. 대장이 말하기를, "해시(저녁 9시)에 군사를 출정시켜 축시(새벽 1시)에 엄습掩襲하면 가히 전승할 수 있을 것이다."고 하였다. 나는 할 수 없이 군사를 인솔하여 수정동에 이르러 진을 치고 종사 조희순趙熙舜으로 하여금 이해利害를 적극 진언하는 고목告目을 올렸다. 답하여 말하기를, "앞선 명령대로 시행할 것"이라 하였다. 시간이 이미 해시에 가

까워졌다. 또 여러 사람을 시켜 출격이 불가하다는 고목告目을 올렸다. 대장이 말하기를, "회진回陣하라."고 하였다.

○ 12일. 아침 일찍 군사들에게 밥을 먹이고 회진하여 동구에 이르렀다. 척후병이 와서 설명하기를 병정 2백여 명이 방금 산운山雲에 들어 왔다고 한다. 높은 곳에 올라가 바라보니 과연 그러하다. 드디어 여러 장수들에게 분부하여 각기 군사를 인솔하여 적을 맞이하도록 하였다. 좌익과 우익은 군사 3대를 거느리고 비봉산에 매복하고, 본진은 영을 내려 군사 2대를 인솔하고 비봉산 아래 주둔하고, 중군과 도순찰 김순삼은 천마봉에 매복하였다. 나는 3대의 군사를 거느리고 수정동 입구에 매복하고, 대장은 유병 1대를 인솔하고 왕래하며 지휘하였다. 의성 본진의 대장은 나머지 군사를 인솔하고 남현을 지켰다. 그때 정오 가까이에 적병이 바로 수정동 입구를 치고 들어왔다. 나는 보리밭 속에 매복하여 포복匍匐으로 2리 정도 앞으로 나아가 적진 앞에 이르러 머리를 들고 기旗를 휘두르며 큰 소리로 외치니 뒤따르던 3대 군사가 일시에 총을 쏘았다. 적은 뜻밖의 출현에 놀라 모두 도망하여 청로역 안산案山으로 올라갔다. 나는 추격해서 공격해 죽이니 탄환에 맞아 죽은 자가 겨우 수인이었으나 즉시 회군하였다. 한번 싸워 크게 이기니 대장은 중앙으로 가서 승전의 북을 쳤다. 군사들을 모아 점심을 먹게 하

였다. 대장은 군사를 거둬들여 본진이 주둔한 곳으로 돌아가고 자 하였다. 나와 중군은 대장 앞에서 청하여 말하기를, "적이 이미 멀리 도피하였으니 마땅히 두 길로 나누어 좌우에서 협공하면 기분 좋게 승리할 것입니다."라고 하였다. 대장이 "허락한다."고 하였다. 즉시 중군에 영을 내려 5대의 군사를 인솔하여 순호동薄湖洞 안산을 바로 점거하고 적의 머리 부분을 공격하라."고 하였다. 나는 3대의 군사를 인솔하고 그 후미를 공격하였고, 대장은 나머지 군사를 인솔하고 의병疑兵, 적의 눈을 속이는 가짜 군사이 되어 출몰하면서 그 중심부를 대적하였다. 나는 좌익과 함께 3대의 군사를 인솔하여 바로 군위령軍威嶺으로 가서 적의 전방을 공격하였다. 적이 빨리 다가와 대적하게 되었는데, 적과 교전도 하기 전에 일초장 이준성李俊性이 총을 쏘아 한 사람을 사살하고, 김인식金仁植이 천보총千步銃 한 방을 쏘니 두 사람이 죽어 넘어졌다.

(이하 탈장되었음)

〈海雲堂金公行錄〉(정웅)

　선생先生의 이름은 하락河洛이요, 자는 계삼(季씨), 호는 해
운당海雲堂이니 의성김씨義城金氏로서 전서공典書公 휘諱 거두
居斗의 후손이다. 부는 김경진金慶鎭이요, 모는 일선김씨一善金
氏[02]로서 헌종憲宗 12년(1846) 병오 12월 14일에 경상북도慶尙北
道 의성읍義城邑 교촌리校村里에서 출생하였다. 유년幼時부터
자질이 명민明敏하여 효친경장孝親敬長의 도道를 어른처럼 실
행하였고, 여러 아이들과 놀이할 때에도 군진軍陣을 만들고 전

---

02 《의성김씨세보》(1981)에는 덕수이씨라고 하였음.

투전鬪戰하는 형상形狀을 많이 하였는데 그 지휘하는 방법이 훌륭하여 어른들이 장래 대인물大人物이 되리라고 기대하였다. 성년이 되어서 성명聲名이 점차 드러났고 서울에 이거移去하여 충무공忠武公 후손인 이정배李庭培의 딸과 결혼하였다. 당시 정부를 비롯하여 일반사회의 부폐상을 보고 항상 개탄慨嘆하였으며, 생업에 힘쓰지 아니하고 학업에 전념하는 한편 뜻있는 명사名士들과 교제하여 의리義理를 강구講究하며 천문天文·지리地理·병서兵書·의학醫學·복서卜筮의 서적까지 섭렵涉獵하여 앞으로 크게 시용施用할 것을 대기待機하였으며, 생계生計가 곤란하여 끼니를 잇지 못할 때가 있어도 염연恬然히 관심하지 아니하고, 현재의 궁곤은 장래의 옥성玉成할 준비라고 하면서 동지 가운데 궁한 자를 보면 자신이 가진 대로 털어서 주급週給하는 것이 예사였다. 을미사변乙未事變이 있은 뒤에 더욱 국사에 비분강개悲憤慷慨하여 하루는 그때 10세의 장녀 영규와 4세의 아들 병우를 앞에 놓고 영규에게 이르기를, "내가 오랫동안 글을 읽어 의리義理의 대절大節을 대강 알고 있으니 일러 주는 것이다. 지금 국가가 곧 패망할 위기에 있음을 보고 신민臣民으로서 좌시할 수는 없다. 내가 지금 복의토적伏義討賊의 대의大義에 몸을 바쳐 군국君國의 원수를 설치雪恥하려하니 만일 이 일이 성공하지 못하여도 맹서盟誓코 이 역적逆賊들과 일천一天을 공대共戴하지는 않을 것이다. 너희 비록 나이 어리나 제법 총혜

聰慧하니 내 말을 명심銘心하여 이 아비를 생각 말고 나중에 너의 자모慈母와 치제穉弟를 잘 돌봐 주기 바란다." 하였다. 영규는 엎드려서 울먹이면서 그 마지막 교훈을 받았는데 그리고 며칠 뒤에 선생은 분연奮然히 공권空拳을 쥐고서 거의擧義하여 당시 각지에서 봉기蜂起하는 의병과 제휴하여 일시 의진義陣의 성세를 크게 진작하였다. 적과 교봉交鋒하기를 여러 차례하여 살획殺獲도 많았다. 당시 외세에 아부한 역신들은 배후背後 도이島夷의 교점巧點한 조작으로 교조矯詔를 만들어 관병官兵을 출동하여 적세賊勢를 조장助長하였으니, 선생은 남북천리南北千里의 먼 지역에 전전용투轉戰勇鬪하였으나, 마침내 천하에 대의를 펴지 못하고 세궁역진勢窮力盡하여 강류江流에 투신投身 순사殉死하였다. 영덕군 강구항에 있는 손치원孫致元이 선생의 시체를 건져내어 해안海岸에 매장埋葬하였다. 선생이 죽던 해에 아들 병우는 겨우 5살이었고, 그 딸 영규가 뒤에 정옹에게 출가出嫁하였다. 그 뒤 갑인년(1914)에 영규가 나와 함께 수백 리 길을 걸어 유해遺骸를 충청도 서천읍舒川邑 남산南山 축향원丑向原에 반장返葬하였다. 선생의 선대 세계世系와 저작著作한 문적文籍은 그 뒤에 다 유실되었고, 천행으로 자필自筆로 쓴 의병義兵을 일으킨 시초始初부터 정전征戰한 일기가 그 당시 부하로 따라다니던 막좌幕佐, 名不詳의 상자 속에서 나온 것을 읽고서 옛 자취를 더듬어 그 의기義氣를 추념追念하고 흐르는 눈물을 금禁

치 못할 뿐이다.

甲寅(1914) 10月 上旬 女婿 鄭雄은 謹書함.

〈義妹氏前上答書〉(한규열)

동해상 영덕군 강구항 한규열은 돈수재배頓首再拜하고 답하
기를, 자고로 충신효자는 무수히 허다하나 고금에 드물고 특별
하신 효녀 우리 의매義妹 김인종金仁宗씨와 같은 이는 들어 알
지 못한 바이라. 그 출중한 효행과 곡진曲盡한 사실은 나의 천
견박식淺見博識이오 단문졸필短文拙筆로 어찌 다 형언제기形言
提記하리오마는, 금석같이 맺은 결의형제남매結義兄弟男妹라 추
호도 혐의嫌疑없이 그다지 갸륵하고 원억冤抑하신 만지장서滿紙
長書를 만분지일萬分之一이나 보답하기 위하야 대강 초草도 못

보고 보내나니 비소卑笑하지 마시압.

　각설하고 지난 병신년(1896) 오월 단양절端陽節이라. 경상북도 영덕읍 남천水에 배수진背水陣을 벌였는데, 병법에 이르되 "陷之死地以後에 生하고 置之亡地以後에 存이라." 하는 말과 같이 사생결전死生決戰하더니 천만의외千萬意外에 풍우가 대작大作하야 대강수大江水가 전두前頭에 하늘같이 막혀서 천하무쌍天下無雙한 지모장략智謀長略으로도 진퇴유곡進退維谷을 면하기 어려운 지경이라. 끝내 세궁역진勢窮力盡하고 패군지장敗軍之將을 면치 못하여 급급히 행진하와 대강大江을 도섭徒涉할 때에 앞뒤로 살을 받아 만고명장萬古名將이라도 그 화삭禍索을 감당할 수가 없어서 중류中流에 함락되어 20리 대강수大江水에 전지도지顚地倒地 떠내려와 동해 가로 노중련盧仲連의 혼을 찾아 내칠 동시에 남녀노소 없이 허다인민許多人民이 뉘 아니 감격하리. 망극하고 가련할사. 다 같은 우리 동포 민족으로 국사를 도모하다가 끝내 천운을 이기지 못하여 호호탕탕浩浩蕩蕩 저 강수에 빠져서 표류되어 초楚나라 굴삼려屈三閭의 원혼으로 어복중魚腹中에 장사를 지낸단 말인가. 애달프고 억삭抑索하다. 그 지방은 본군 영덕면 강구항이라 일컫는 곳으로서 그렇게 참악慘惡한 경색景色을 그저 보고만 있을 일이 아니기로, 본동으로부터 급급히 강두江頭에 나가서 구제할 방침으로 본동에 거居하는 손치문孫致文을 최촉催促하여 사생을 불고하고, 도도

한 물결 속에 번개같이 뛰어들어 희여희여 떠나가서 근근히 시체를 붙들어 잡고 돌아 나와 강두에 옮겨 놓고 나니 그 사람도 역시 일반 의무가 있어서 그러했겠지만 죽은 시체를 구제하다가 사중구생死中求生하는 일이 더욱 갸륵하고 기이하다. 그제야 창황蒼黃한 정신을 수습하여 우선 시체를 차차로 검사하니 전후좌우에 살 맞은 흔적이 가위 백공천창百孔千瘡이라. 그러하나 거주씨명居住氏名을 확적確的히 모르기로 줌치를 끌러서 호패戶牌를 내어보니 그 글에 썼으되 충청북도 제천대장堤川大將 김모金某씨라고 기재하였거늘, 의심없는 증명이 그 위에서 더하리요. 어와 장할시고 김대장金大將의 애국충심을 마침내 찬양하고 위선 박주일배薄酒一杯로 강상江上에 초혼招魂지어 그 당지當地에 권착례權厝禮로 지地감하고 나니 기시其時 참혹한 광경은 천지일월天地日月이 무광無光하고 하해귀신河海鬼神이 불평하는 듯하더라. 그 뒤부터 이곳에 천음우습天陰雨濕 궂은 비에 귀곡성鬼哭聲도 불평하고, 춘화경명낙하시春花景明落花時에 두견성杜鵑聲도 처량하고, 월락조제상만천月落鳥啼霜滿天에 원성猿聲도 그쳤고, 창해풍파滄海風波 일어나면 물결소리 명인鳴咽하다. 강회교통대로변江淮交通大路邊에 오고가는 무수행인無數行人 뉘 아니 감흥感興하리. 어와 애석하다. 그런 원혼 또 있으며 무주총無主塚이 된단 말가. 그 뒤 3년 만에 선원장先阮丈, 대장의 仲弟 김응락께서 내려와 공회지통孔懷之痛을 못 이겨서

형체없는 일배토황분一杯土荒墳 앞에 복지통곡伏地痛哭하고 정
신을 다시 차려 왈曰 세궁역진勢窮力盡한 바로 반천리원로半千
里遠路에 운구運柩해 갈 경영經營은 만부득萬不得하려니와 그
러하나 파묘破墓나 하여 해골이나 뵙고 가겠다 하시고, 영구히
유지할 방법으로 구(굴)피로 싸서 염습斂襲하고 완전히 성분成
墳한 후에 떠나가시면서 하는 말이, 하년하월何年何月이라도 백
형유복자伯兄遺腹子 하나 있으니 그 아해가 장성長成하여야만
반구하여 가리라 하더니 어언지간於焉之間에 유수 같은 인간세
월人間歲月이 거연居然한 수십 년이라. 산천이 낙낙하고 도로가
초초迢迢하야 천애절역天涯絶域같이 잊을 날이 많았더니 천만
몽매千萬夢寐밖에 재작년 춘삼월 회일晦日을 당하여 어떠한 청
년학생靑年學生으로 단발斷髮하고 맥모자麥帽子 쓰고 봉호필문
蓬戶蓽門을 찾거늘 춘수春睡를 잠깐暫間 깨서 흔연영접欣然迎接
하여 명함名啣을 통通한 뒤에 이르기를, 나는 기왕己往 제천 김
대장의 유복자 김인종金仁宗으로 부친반구하려 왔다 하거늘,
그 말을 들으니 수십 년 잠잔 회포懷抱 다시 금禁치 못하여라.
인하여 묘전墓前에 나아가서 소리없는 통곡痛哭으로 기절氣絶
하고 엎어져 호천망극昊天罔極 애통哀痛하니, 듣는 자 토목土木
이 아니면, 뉘 아니 비감悲感하리. 그날부터 오륙일五六日로 밤
이 깊으며 묘하墓下에 가서 경야經夜하고 애통哀痛하였다. 고어
古語에 이르기를 '충신은 효자의 문門에서 구한다' 하더니 지금

은 효자가 충신의 문에서 나왔도다 하더라. 그리저리 인정人情이 깊어서 주야晝夜로 상종相從할재 사생동고死生同苦한 의誼로 형제의 의義를 맺은 뒤에 그 혈혈孑孑히 길러낸 이력履歷과 전지도지顚地倒地하야 이곳에 당도當到한 사실을 저저히 설화說話하거늘 오호라 옛날 주수창朱守昌은 수십 년 만에 산어미를 찾아서 오늘까지 사책史策에 올랐으되 지금 의매義妹는 수십 년 만에 사절死絶하신 부친을 반구하려 찾아오니 효자효녀는 고금에 일반이라. 오호라. 수십 년 해상영혼海上靈魂이 오늘날 다시 발명發明되는 일이 잠잔 재가 불이 일어나고 썩은 가지에 잎이 피어나듯 일비일희一悲一喜한 마음을 어찌 다 측량測量하리오. 그러나 낭핍일전囊乏一錢하여 반구할 계획計劃의 만무일책萬無一策이라 무한수심無限愁心으로 지나거늘 폐일언蔽一言하고 그 일은 내가 부담하겠다고 백반권성百般勸成한 뒤에 즉시 파묘하여 백골을 끌어안고 소리없는 울음으로 엎어져 기절하니 동해하백東海河伯이 부르짖고 산천혼신山川魂神이 감동하는 듯하더라. 차례로 염습하여 발인차發靷次로 고유告由하고, 광선두에 다달아 서수향문일배주西首鄕門一杯酒로 초혼사招魂辭를 부르시니 그 통곡하는 소리에 천지가 뒤눕고 일월이 무광無光하며 산천초목이 진동震動하고 하해귀신河海鬼神이 출몰出沒하는지라. 인하여 두서頭緖없이 전별餞別한 뒤 금일까지 오매불망寤寐不忘하였더니 어느덧 홀홀 광음光陰이 양년성상兩年星

霜이라 차례없는 필설筆舌로 전후사실을 대강기록大綱記錄하자
하니 선후도착先後倒錯도 많을 뿐아니라 한훤寒喧도 말할 여가
餘暇가 없사오니 도로 참귀참귀慚愧慚愧하오이다. 그사이 무한
풍상우로無限風霜雨露에 역여광음逆旅光陰으로 지나신 의매씨
께서는 기체후일향만중氣體候一向萬重하시며, 풍타랑타風打浪打
로 경과經過하시는 줄 어찌 일신一身인들 안온安穩하시기야 바
라실이오마는 그래도 광대포용廣大包容하신 현군자賢君子를 만
나 부창부수夫唱婦隨하고 금슬화락琴瑟和樂한 자미滋味는 있
을 듯 의매형義妹兄께서도 안녕하시며, 요사이는 무슨 사무로
지나시는지 그러한 특별한 지식知識으로 잠시라도 세월을 허송
치 아니하실 줄 알 뿐 친당동기親堂同己내외 태산반석泰山磐石
으로 지나며 그 혈혈孑孑히 성취成就하여 타일他日의 문호창대
門戶昌大하기와 복록패진福祿貝臻하기를 고작서서 기망하옵고,
어느날이라도 서로 봉착逢着되면 우리는 물론 결의형제結義兄
弟라, 일락서산日落西山하고 월출동령月出東嶺하면 사군불현장
탄식思君不見長歎息이라. 아무리 목석인들 그다지 잊으리오. 오
호라 선대인천고先大人千古에 발양發揚 못한 당당의기堂堂義氣
는 어느 천지에 다시 다시 설원雪冤하여 사책史冊과 죽백竹帛에
공명功名을 유전流傳케 하리오. 복원伏願하노니 천운天運이 순
환循環하고 일월이 다시 밝아 충신열사 다 모아서 기린각麒麟
閣에 높이 모셔 차례로 기록하면 선대인先大人 원혼冤魂도 다

시 푸르러 광채가 있을까 바라나이다. 굽뿌고 한스럽다. 고금에 없는 우리 의형제 남매는 어느 춘풍호시절春風好時節에 다시 만나 일석단란一席團欒하여 볼꼬. 운무雲霧라서 떠서보며 유수流水라서 흘러보며 비조飛鳥라서 날아보며 명월明月이라 비쳐볼까. 아무리 천사만려千思萬慮하여도 봉착逢着할 기약이 가이없다. 생시에 먹은 마음 취중에 다시 나고 일념一念에 있으면 꿈에도 있다 하니 우리가 아직 삼십광음三十光陰이라 하일하시何日何時라도 서로 악수봉착握手逢着할 날이 있으리라. 그렇지 아니하거든 안족서雁足書로 시시時時로 왕복往復하여 소식이나 알리고 지냅시다. 아무려도 우리 의남매는 동생으로 형이 되고 동생으로 누이가 되는 일이고 금천지今天地에 기이하고 이상한 일이거늘, 어찌 그다지 협의하여 과도過度히 겸사謙辭하시오. 그 시時는 그저 효자라고 모두 찬양하였으나, 오늘날 서신書信으로 보는 바 삭발변복削髮變服하고 여자로 남자변복男子變服한 일은 만고효녀萬古孝女라 하나이다.

만사輓詞 두어 구句 앙송仰送하오니 더욱 황송황송惶悚惶悚

이곳에 있는 분묘墳墓 한 장은 오늘까지 무주고혼無主孤魂 더욱 가련可憐하다. 우황又況 그곳으로 치도治道될 예정豫定인즉 아무리 하더라도 내가 주선하여 안온安穩한 곳으로 이장하여 줄 터이니 조금도 사념思念하지 마시압.

찾아보기